프란치스칸 경제

그 중심 영성과 중세 프란치스칸들의 가르침과 실천
그리고 현대 경제를 위한 응답

프란치스칸 경제

교회 인가 | 2016년 9월 9일
초판 발행 | 2016년 9월 20일
3쇄 발행 | 2023년 5월 17일

지은이 | 김일득
펴낸이 | 김상욱
만든이 | 조수만
만든곳 | 프란치스코출판사(제2-4072호)
주소 | 서울 중구 정동길 9
전화 | (02) 6325-5600
팩스 | (02) 6325-5100
이메일 | franciscanpress@hanmail.net
홈페이지 | HTTPS://BLOG.NAVER.COM/FRANCISCANPRESS

ISBN 978-89-91809-54-3

값 13,000원

프란치스칸 경제

그 중심 영성과 중세 프란치스칸들의 가르침과 실천
그리고 현대 경제를 위한 응답

| 머리말 |

『프란치스칸 경제』라는 다소 생소한 제목으로 시작되는 이 글은 제가 2016년 4월 미국 캘리포니아에 있는 프란치스칸 신학 대학원 (FRANCISCAN SCHOOL OF THEOLOGY, OCEANSIDE, CALIFORNIA, USA)에서 프란치스칸 영성 석사 학위 논문으로 제출한 글을 우리말로 옮긴 것입니다. 본인이 직접 영어로 작성한 글을 우리말로 옮겼기에 번역상 큰 어려움은 없었으나, 영어에서는 별 어려움 없이 이해할 수 있는 단어들이 한국어에서는 다소 어려움이 있어서 필요한 부분은 해석을 덧붙여야 하는 경우가 종종 있었고, 또한 영어의 특성상 문자 그대로 직역을 하면 많은 경우 제대로 알아들을 수 있는 한국어 문장이 되지 않기에 상당 부분을 의역하면서 옮겼습니다.

제가 이 분야에 관심을 두게 된 계기는 작금의 한국의 사회 경제 위기에서 출발합니다. 혼란하기 그지없는 정치-사회-경제 문제는 고스란히 서민들 삶의 밑바닥까지 흔들며, 기본적인 인간의 존엄성과 다른 소중한 인간적-사회적 가치들도 함께 무너뜨리고 있다는 느낌을 감출 수가 없었습니다. 그래서 미약하게나마 프란치스칸으로서 이 사회에 이바지할 수 있는 바가 무엇인지를 늘 고민해 왔었습니다. 그러다가 이곳 미국에 와서 프란치스칸 전공 공부를 시작하면서 보니, 프란치스칸 전통 안에 지금까지는 몰랐던 소중한 사회 경제 철학과 가르침이 있다는 것을 알게 되었습니다. 또한, 이 전통과 가르침이 현대 경제 사회에도 충분히 적용해 볼 만한 가치가 있다는 것도 깨닫게 되었습니다. 그래서 중세 프란치스칸 경제 전통과 현대의 경제 상황을 잇는 작업을 시작하게 되었고, 이렇게 부족하기 그지없는 한 권의 책으로 나오게 되었습니다.

 이 글을 작성하는 동안 많은 분이 큰 도움이 되어 주셨습니다. 그 무엇보다도 우선, 제 생명을 창조하시고 지탱해 주신 하느님 아버지께 가장 큰 감사와 찬미를 드립니다. 또한, 언제나 저를 위한 기도와 헌신을 아끼지 않는 제 가족 친지 여러분께도 감사를 드립니다. 그리고 한국과 미국에서 저의 작은형제로서의 삶을 동반해 주신 많은 작은형제회(프란치스코회) 형제님들께 진심으로 깊은 감사의 말씀을 드리고 싶습니다. 저는 이 글을 쓰면서 하느님의 선과 사랑을 이 세상에 효과적으로 구체화 시키는 일이 얼마나 깊고도 큰 형제적 투신인지를 간접적으로나마 깨닫게 되었습니다. 그래서 저는 저의 보잘것없는 이 글을 지금 이 순간에도 가난한 이들과 배척받는 이들 안에서 프란치스칸 영성을 살아가는 한국의 모든 프란치스칸 가족들에게 드리고 싶습니다. 또한, 제가 이곳에 마음 편하게 머물며 공부하도록 도와준 산 루이스 레이San Luis Rey 작은형제회(프란치스코회) 공동체에도 깊은 감사를 드리며, 저에게 프란치스칸 전공 공부를 허락한 작은형제회(프란치스코회) 한국 관구에도 다시 한 번 감사의 말씀을 드립니다.

 그리고 언제나 제 곁에서 깊은 프란치스칸적인 식견과 통찰로 학문적인 조언과 격려와 제안을 아끼지 않았던 지도 교수 윌리엄 쇼트(William Short, OFM) 형제에게 깊은 감사를 드립니다. 또한, 윌리엄 형제와 함께 조용하면서도 깊이 있게 제 글을 읽으며 조언을 아끼지 않으신 요한네스 프라이어(Johannes Freyer, OFM)형제에게도 감사의 마음을 전합니다. 그리고 사회적 기업에 대한 학문적, 실제적 조언을 아끼지 않은 키쓰 워너(Keith Warner, OFM) 형제의 도움 역시 작지 않았습니다. 또한, 이제 막 번역을 끝내고 아직 정식으로 출판되지도 않은 요한 올리비의 『계약에 관한 논문』 영어 번역본을 사용하도록 허락해 준 라이언 쏠톤(Ryan Thornton, OFM) 형제에게도 감사의 마음을 전합니다. 영어권에서는 제가 가장 먼저 라이언 횡세의 번역본을 사용하는 영광을 가지게 되었습니다. 그리고 최근 교황 문헌들에 대한 깊이 있는 가르침을 준 꼰벤뚜알 프란치스코회의 웨인 헬만(Wayne Hellmann, OFM Conv) 형제님에게도 특별한 감사의 말씀을 드립니다. 웨인 헬만 형제님은 언제나 저의 보잘것없는 작업에 칭찬과 격려를 아끼지 않으셨고, 또한 모든 글은 타인과의 나눔을 염두에 두고 작성해야 한다는 뚜렷한 방향까지 제시해 주셨습니다. 마지막으로 논문을 작성할 당시 저의 부족한 영어 글을 다듬어 주신 피니언 맥긴(Finian McGinn, OFM) 형제님에게도 깊은 감사의 말씀을 드립니다.

이 글이 경제에 대해서 얕게나마 이야기하고 있기는 하지만, 이는 모두 신학적-영성적 관점에서 접근한 결과라는 점을 미리 말씀드리고 싶습니다. 같은 주제를 놓고 토론을 하더라도 경제 전문가는 아마 전혀 다른 관점과 해법을 가지고 접근할 것이라 생각합니다. 경제에 대한 저의 지식은 매우 제한적입니다. 따라서 혹시나 있을 수 있는 경제와 관련된 오류에 대해서는 너그러운 양해와 질책을 부탁합니다.

　프란치스칸 경제라는 분야는 아직 전 세계 프란치스칸 가족 안에서도 매우 생소한 분야입니다. 따라서 누군가 확고한 권위를 가지고 논쟁을 펼쳐나가기에는 아직도 그 연구의 절대량 자체가 부족한 형편이라고 말씀드릴 수 있습니다. 프란치스칸 영성과 역사에 대한 저의 지식 또한 미약하기 그지없습니다. 또한, 제 개인적인 관점에서 보더라도 제가 작성한 이 글이 완벽하거나 훌륭하다고 생각하지는 않습니다. 또한, 제가 제안하고 있는 바가 유일한 해법이라고는 생각하지도 않고 그럴 수도 없습니다. 그럼에도 불구하고 이렇게 출판을 통해서 독자들을 만나는 이유는 저의 이 작고 보잘것없는 시작이 다른 프란치스칸들과 그리스도인들이 프란치스칸 경제와 관련하여 본격적으로 더 큰 작업을 시작할 수 있는 촉매제가 될 수 있을 것이라는 희망 때문입니다. 종교라는 삶과 경제라는 삶을 하나로 잇고, 그 안에서 또 다른 프란치스칸적인 희망과 사회 경제적인 대안을 구체화하는 데에 저의 형편없는 이 글이 미약하게나마 기여할 수 있기를 기원합니다.

2016년 4월 부활날에
프란치스칸 신학 대학원(FRANCISCAN SCHOOL OF THEOLOGY)에서
김일득 모세(작은형제회)

| 차 례 |

머리말   5

서론   14

이 글의 목적   17
성 프란치스코와 프란치스칸 경제의 시작   20
이 글의 구성에 관하여   28

제1장
사회 경제 참여를 위한 프란치스칸 중심 영성   31

'지극히 높은 선'이자 '가난'으로 표현된 하느님   35
    아씨시의 프란치스코   35
    바뇨레지오Bagnoregio의 보나벤투라   39
    베드로 요한 올리비   43

피조물과 인간   49
    프란치스코   49
    보나벤투라   54
    요한 둔스 스코투스   58

결론: 사회 경제적 함축   66

제2장
중세 시장 경제 사회를 위한 프란치스칸들의 가르침과 실천   75

중세 시대(11-15세기)의 경제 주제들과 문제들　79

　상업 혁명과 도시의 발전　79
　　돈　82
　　상인　86
　　고리대금　89

중세 사회 경제 문제에 대한 프란치스칸들의 응답　94

　프란치스코 이전　94

　프란치스코와 초기 형제들　96
　　사회 경제적 원칙　96
　　일　98
　　돈　100
　　정의　102

　요한 둔스 스코투스　105
　　사유 재산　106
　　돈과 자본　108
　　상인과 상업　109

　베드로 요한 올리비　110
　　가격 결정　111
　　상인과 상인의 이익　112
　　돈과 자본　113
　　합법적 대출　115
　　미래 영향　116

시에나의 베르나르디노　117
　　　　상업 활동에 관한 윤리적 지침　119
　　　　가격 결정　120
　　　　고리대금과 합법적 대출　120
　　몬테스 피에타티스Montes Pietatis와 펠트레의 베르나르디노　121
　결론: 요약　128

제3장
보다 더 형제적인 경제 공동체 건설을 위하여　133

현대 경제의 주요 문제점　137

최근 교황 가르침에 나타나는 프란치스칸 사회 경제 해법에 대한 함축과 확인　149

오늘날 시장 경제를 위한 프란치스칸 대안　161
　　통합적 회개　161
　　프란치스칸 사회적 기업(Franciscan Social Entrepreneurship)　169
　　　　왜 사회적 기업(Social Entrepreneurship)인가?　169
　　　　기업가 정신(Entrepreneurship)　173
　　　　사회적 기업(Social Entrepreneurship)　177
　　　　프란치스칸 사회적 기업　181

결론　191

결론　193

참고 문헌　202

| 서론 |

　21세기를 살아가고 있는 우리는 아마도 인류 역사상 가장 진보되고 발전된 세상에서 살고 있다고 생각할 수 있을 것이다. 18세기 산업혁명 이후 20세기의 두 차례 세계 대전 및 동서 냉전 종식의 시대를 거치면서 이 세계의 많은 인구가 이전 시기보다 훨씬 더 탁월한 경제적, 기술적 혜택을 누려 온 것은 자명한 사실이다. 그러나 동시에 우리 사회 구성원들은 여전히 사회 여기저기에서 발생하고 있는 극심한 가난, 심각한 경제 양극화, 인간 존엄성의 위기, 우리 사회와 지구의 지속 가능성의 파괴 등 여러 심각한 문제들을 직접 겪고 있거나 간접적으로 보고 있는 것 또한 사실이다. 점점 더 많은 사람이 이러한 위기에 눈을 뜨고 있고, 우리 사회와 세계의 진정한 발전을 이루기 위한 사회 경제적 해법을 찾고 있다. 사실 우리는 지난날 우리 자신들의 무분별한 경제 활동으로 하느님이 주신 우리 형제자매들과 피조물을 부지불식간에 희생시켜 왔다는 불편한 진실에 서서히 눈을 뜨고 있고, 금전적인 성공만으로는 진정한 의미의 경제 사회 발전을 이룰 수 없다는 사실을 천천히 그리고 가슴 아프게 깨닫는 중이다. 특히 2008년의 미국발 국제 금융 위기는 윤리가 결핍된 시장 경제가 인간 공동체에 가하는 충격과 고통이 어떤

것인지를 분명히 한 사건으로 기억되고 있다.[1]

현대 경제는 단기 이윤 극대화라는 단 하나의 논리와 원리로 운영되고 있는 듯하다. 이러한 경제 논리는 이 세상의 모든 구성원과 모든 피조물을 '돈' 혹은 '이익'과 관련된 것으로 치환하여 이해하려는 경향이 다분하다. 그러나 이러한 원칙과 논리는 하느님이 우리 인간과 피조물에 천성적으로 부여한 의미와 본성을 심각하게 침해할 수밖에 없다. 이윤 극대화의 논리는 인간과 피조물을 일종의 소비재로 보고 취급하기 때문이다. 당연히 이러한 형태의 성세 구조는 '모든 이'의 발전을 위한 참된 경제를 건설할 수 없다. 왜냐하면, 이러한 종류의 경제는 윤리적 관계 혹은 올바른 관계를 추구하지 않고, 오히려 반대로 힘없고 가난한 사람들을 폭력적으로 '소비'하거나 그들의 '희생'을 강요하기 때문이다.

따라서 현대의 경제 체계는 상반되는 두 가지 가능성을 동시에 증명하였다고 말할 수 있겠다. 현 경제 체계가 증명하는 긍정적인 부분이라면 재정적인 측면에서의 경제적 발전일 것이다. 재정적 혹은 금전적 발전은 '참된 경제 발전'을 추구하는 데에서 분명히 없어서는 안 될 필수불가결한 요소 중 하나이다. 또한 동시에 현 경제 체계는 우리 공동체, 우리 자신, 또한 우리의 형제자매들을 파괴할 수 있다는 사실을 여실히 증명하고 있다. 따라서 현시대는 이 세상

---

1 Daniel K. Finn, 「Introduction」, 『The True Wealth of Nations: Catholic Social Thought and Economic Life』, ed. Daniel K. Finn, New York, Oxford University Press, 2010, 3.

의 모든 피조물, 우리의 형제자매들, 그리고 우리 자신의 정체성과 의미를 보호할 수 있는 참된 경제 발전을 위한 사회 경제적 해법이 절실하게 요구되고 있는 상황이라 할 수 있겠다.

    나는 이러한 사회 경제 위기에 우리 프란치스칸 전통이 효과적으로 응답할 수 있다고 생각한다. 놀랍게도 많은 중세 프란치스칸 사상가들이 당대의 사회 경제 문제에 실제적인 이론과 실천으로 응답하고 관여하였다. '가난'이라는 가치에 가장 엄격한 수도회 중 하나였던 프란치스칸 수도회가 '경제', 즉 '금전 및 재산'과 관련되어 무엇인가를 하였다는 말은 역설적으로 들리기까지 할 것이다. 그러나 중세 프란치스칸들은 돈, 상업적 이익, 자본 등의 의미와 기능에 대한 학문적 이론을 전개하였을 뿐만 아니라, 시장과 상인의 기능에 대하여도 심도 있게 논하였으며, '공동선'이라는 가치가 시장 경제 안에 뿌리내리도록 노력하고 그렇게 구체적으로 실천하였다. 앞으로 이 책의 여러 부분에서 다루어지겠지만, 이러한 프란치스칸 경제적 이론과 태도를 형성한 동인動因은 다름 아닌 프란치스칸 가난이었다. 즉, 중세 프란치스칸들은 가난이라는 삶의 원리에서 출발하여 공동선의 논리 아래 진정한 부富를 추구하는 프란치스칸 경제를 현실 시장 경제 안에서 구체적으로 구현해 나갔다.

| 서론 |

    21세기를 살아가고 있는 우리는 아마도 인류 역사상 가장 진보되고 발전된 세상에서 살고 있다고 생각할 수 있을 것이다. 18세기 산업혁명 이후 20세기의 두 차례 세계 대전 및 동서 냉전 종식의 시대를 거치면서 이 세계의 많은 인구가 이전 시기보다 훨씬 더 탁월한 경제적, 기술적 혜택을 누려 온 것은 자명한 사실이다. 그러나 동시에 우리 사회 구성원들은 여전히 사회 여기저기에서 발생하고 있는 극심한 가난, 심각한 경제 양극화, 인간 존엄성의 위기, 우리 사회와 지구의 지속 가능성의 파괴 등 여러 심각한 문제들을 직접 겪고 있거나 간접적으로 보고 있는 것 또한 사실이다. 점점 더 많은 사람이 이러한 위기에 눈을 뜨고 있고, 우리 사회와 세계의 진정한 발전을 이루기 위한 사회 경제적 해법을 찾고 있다. 사실 우리는 지난날 우리 자신들의 무분별한 경제 활동으로 하느님이 주신 우리 형제자매들과 피조물을 부지불식간에 희생시켜 왔다는 불편한 진실에 서서히 눈을 뜨고 있고, 금전적인 성공만으로는 진정한 의미의 경제 사회 발전을 이룰 수 없다는 사실을 천천히 그리고 가슴 아프게 깨닫는 중이다. 특히 2008년의 미국발 국제 금융 위기는 윤리가 결핍된 시장 경제가 인간 공동체에 가하는 충격과 고통이 어떤

것인지를 분명히 한 사건으로 기억되고 있다.[1]

현대 경제는 난기 이윤 극대화라는 단 하나의 논리와 원리로 운영되고 있는 듯하다. 이러한 경제 논리는 이 세상의 모든 구성원과 모든 피조물을 '돈' 혹은 '이익'과 관련된 것으로 치환하여 이해하려는 경향이 다분하다. 그러나 이러한 원칙과 논리는 하느님이 우리 인간과 피조물에 천성적으로 부여한 의미와 본성을 심각하게 침해할 수밖에 없다. 이윤 극대화의 논리는 인간과 피조물을 일종의 소비재로 보고 취급하기 때문이다. 당연히 이러한 형태의 경제 구조는 '모든 이'의 발전을 위한 참된 경제를 건설할 수 없다. 왜냐하면, 이러한 종류의 경제는 윤리적 관계 혹은 올바른 관계를 추구하지 않고, 오히려 반대로 힘없고 가난한 사람들을 폭력적으로 '소비'하거나 그들의 '희생'을 강요하기 때문이다.

따라서 현대의 경제 체계는 상반되는 두 가지 가능성을 동시에 증명하였다고 말할 수 있겠다. 현 경제 체계가 증명하는 긍정적인 부분이라면 재정적인 측면에서의 경제적 발전일 것이다. 재정적 혹은 금전적 발전은 '참된 경제 발전'을 추구하는 데에서 분명히 없어서는 안 될 필수불가결한 요소 중 하나이다. 또한 동시에 현 경제 체계는 우리 공동체, 우리 자신, 또한 우리의 형제자매들을 파괴할 수 있다는 사실을 여실히 증명하고 있다. 따라서 현시대는 이 세상

---

1 Daniel K. Finn, 「Introduction」, 『The True Wealth of Nations: Catholic Social Thought and Economic Life』, ed. Daniel K. Finn, New York, Oxford University Press, 2010, 3.

의 모든 피조물, 우리의 형제자매들, 그리고 우리 자신의 정체성과 의미를 보호할 수 있는 참된 경제 발전을 위한 사회 경제적 해법이 절실하게 요구되고 있는 상황이라 할 수 있겠다.

나는 이러한 사회 경제 위기에 우리 프란치스칸 전통이 효과적으로 응답할 수 있다고 생각한다. 놀랍게도 많은 중세 프란치스칸 사상가들이 당대의 사회 경제 문제에 실제적인 이론과 실천으로 응답하고 관여하였다. '가난'이라는 가치에 가장 엄격한 수도회 중 하나였던 프란치스칸 수도회가 '경제', 즉 '금전 및 재산'과 관련되어 무엇인가를 하였다는 말은 역설적으로 들리기까지 할 것이다. 그러나 중세 프란치스칸들은 돈, 상업적 이익, 자본 등의 의미와 기능에 대한 학문적 이론을 전개하였을 뿐만 아니라, 시장과 상인의 기능에 대하여도 심도 있게 논하였으며, '공동선'이라는 가치가 시장 경제 안에 뿌리내리도록 노력하고 그렇게 구체적으로 실천하였다. 앞으로 이 책의 여러 부분에서 다루어지겠지만, 이러한 프란치스칸 경제적 이론과 태도를 형성한 동인動因은 다름 아닌 프란치스칸 가난이었다. 즉, 중세 프란치스칸들은 가난이라는 삶의 원리에서 출발하여 공동선의 논리 아래 진정한 부富를 추구하는 프란치스칸 경제를 현실 시장 경제 안에서 구체적으로 구현해 나갔다.

이 글의 목적

따라서 이 글의 목적은 중세 프란치스칸들의 신학적 영성 및 가르침과 실제적인 해법에 근거하여, 오늘날의 파괴적인 경제 체계 안에서 어떻게 더욱더 포용적이고(INCLUSIVE) 형제적인(FRATERNAL) 경제 공동체를 이루어 낼 수 있는지에 대하여 논하는 데에 있다. 여기서 말하는 형제적인 경제 공동체는 영성적이고 윤리적인 수준의 고찰에만 머무는 것이 아니라, 실질적으로 현대 시장 경제 안에 적용 가능한 경제적 대안의 가능성을 찾고, 그것을 의미 있는 수준까지 제시한다는 것을 의미한다. 따라서 우선 프란치스칸 사회 참여를 위한 프란치스칸 영성과 신학의 중심 요소들을 다루게 될 것이고, 중세 프란치스칸들이 중세 시장 경제 안에서 이루었던 영성적이고, 이론적이며, 실질적인 공헌에 대하여 훑어보게 될 것이다. 그 후 현대 경제의 문제로 넘어와, 현대 경제의 문제점들이 어떻게 우리 인류 공동체를 파괴하고 있는지에 대해서도 간략하게나마 짚어볼 것이다. 더불어 최근의 교황 가르침이 오늘날 현대 사회 경제 문제에 대한 영성적이고도 실질적인 대안으로서 우리 프란치스칸 전통을 얼마나 관심 있게 쳐다보고 있는지에 대하여도 논할 것이다. 마지막으로 현대 사회 경제 문제에 대해 서로 관련되어 있으면서도 구분되는 두 가지 다른 제안이 있을 것이다. 그 첫 번째는 우리의 일상적인 경제 활동 안에서도 모든 이들과의 올바른 관계를 만들어 나가는 '통합적 회개'에 대한 요청이고, 두 번째 제안으로는 현대 시장 경제 안에서 실질적으로 적용 가능한 구체적인 대안으로서 '프란치스칸 사회적 기업'에 대한 제안이다. 프란치스칸 사회적 기업은 프란치스칸 영성, 프란치스칸 경제 이론, 사회적 기업을 구성하는 여러 요소를 효과적으로 통합하여 공동선과 형제적 경제 공동체 건설에 이바지하는 사회적 기업을 의미한다. 따라서 이 글은 프란치스칸 신학과 영성, 중세 역사 안에서의 프란치스칸들의 경제 주제에 대한 가르침과 구체적 실천, 그리고 오늘날을 위한 실질적 프란치스칸 사회 경제 대안을 제시하는 삼중 구조로 이루어져 있다. 따라서 본 글의 학문 방법론 역시, 신학적 영성, 역사 안에 나타난 프란치스칸 경제 이론 및 실천, 현대의 사회적 기업의 기본 방법론을 두루 아우르는 형식으로 이루어진다.

한국에는 잘 알려지지 않았지만, 본 연구 이전에도 프란치스칸 경제 혹은 그에 관련된 분야에 매우 중요한 연구들이 있어왔다. 노르웨이 경제학자인 오드 랑홈Odd Langholm의 경우 자신의 저서 『Economics in the Medieval Schools(중세 학파의 경제학)』라는 책을 통하여, 첫 번째 프란치스칸 신학자인 헤일스의 알렉산델(Alexander of Hales, 1185-1245)부터 시작되는 프란치스칸 학자들의 경제 이론과 가르침에 관하여 순수 학문적인 차원에서 아주 상세하게 묘사한다. 또한, 이탈리아 역사학자인 쟈코모 토데스키니Giacomo Todeschini도 『Franciscan Wealth(프란치스칸 부富)』라는 자신의 저서를 통하여 중세 프란치스칸들의 자발적 가난이라는 삶의 원칙이 중세 시장 경제에 미친 영향을 알기 쉽게 기술하고 있다. 이탈리아 경제학자, 스테파노 쟈망니Stefano Zamangni도 중세 프란치스칸들이 구현한 프란치스칸 경제의 여러 중요 요소들과 이러한 프란치스칸 경제의 요소들이 현대 경제에 전달하는 의미와 함축을 자신의 여러 글을 통하여 밝히고 있다. 카푸친 작은형제회 회원이자 현재 미국 뉴욕 보나벤투라 대학 프란치스칸 연구소(Franciscan Institute) 소장으로 재직하고 있는 데이비드 쿠투리에르(David Couturier, OFM Cap)도 프란치스칸 경제와 관련하여 두 권의 책을 저술하는데, 두 책 모두 프란치스칸 영성의 중심 요소들과 심리학적 방법론을 결합하여 형제적이고 투명한 경제를 이루어 나가는 구체적인 방안을 제시한다. 지금까지 언급한 모든 연구는 프란치스칸 경제나 그에 관련된 주제들에 관심 있는 모든 이들에게 기본적인 영감과 자료를 제공하는 매우 중요한 기초 연구 사료들이라 할 수 있다.

아직도 프란치스칸 경제와 관련해서는 밝혀지지 않은 분야가 훨씬 더 많다. 따라서 더 많은 연구와 조사가 있어야 할 것이다. 더구나 한국에서는 종교와 경제를 연결하는 시도 자체가 흔하지 않았다고 이야기할 수 있다. 따라서 필자의 이 작은 연구는 그야말로 작은 시작에 불과하며, 우리 프란치스칸 형제자매들에게 프란치스칸 경제에 대한 더 깊고 폭넓은 시작과 연구와 조사와 실천에 나아갈 수 있도록 작은 불씨를 제공하는 불쏘시개 역할을 할 뿐이라고 생각한다. 이러한 실천과 연구를 통하여 우리 프란치스칸들이 우리의 영성과 역사와 전통의 힘으로 이 파괴적이고 소모적인 현대 경제 사회에 작지만 따뜻한 등불이 되어주기를 희망한다.

성 프란치스코와 프란치스칸 경제의 시작

프란치스코(1181/2-1226) 성인은 이탈리아 중부의 아씨시에서 태어났다. 프란치스코가 태어날 당시 아씨시는 정치적으로나 경제적으로 매우 혼란한 시기를 겪고 있었다. 정치적으로 볼 때, 당시 유럽 황제와 교황 모두 이탈리아 반도에 대하여 각각의 정치적인 패권을 유지하고자 힘쓰고 있었고, 따라서 두 권력 모두 이탈리아 반도에서 각자의 전략적 도시들에 대한 소유권을 주장하고 있는 형국이었다.[2] 예를 들어 1182년의 경우, 아씨시는 황제의 권한 아래 있었고, 근처의 도시인 페루자는 교황의 통치 아래에 있었다. 그러나 아씨시에서 황제의 권한은 위태롭기 그지없었는데, 이는 아씨시와 주변 지방이 그보다 더 오래전부터 교회 전통에 기반을 두고 있었기 때문이었다.[3] 게다가 도시를 구성하는 대다수 평민의 힘도 점점 성장해서, 급기야는 전통적 귀족 계급과 지주 계급에 물리적 충돌로 도전하는 일들도 발생하게 되었다. 황제의 통치에 반발하여 발생한 1197년의 아씨시 봉기가 그 좋은 예라 하겠다.[4]

이러한 아씨시의 정치적 불안은 경제적 불안 요소를 더 가중하

---

2 Maurice Carmody, 『The Franciscan Story: St. Francis of Assisi and his influence since the thirteenth century』, London, UK, Athena Press, 2008, 22.

3 Giacomo Todeschini, 『Franciscan Wealth: From Voluntary Poverty to Market Society』, trans. Donatella Melucci, eds. Micheal F. Cusato, Jean François Godet-Calogeras, and Daria Mitchell, New York, Franciscan Institute, 2009, 55.

4 Carmody, 16.

는 역할을 하였다. 예를 들어, 유럽의 황제 프레데릭 발바로사(Frederick I Barbarossa, 1152-1190)가 교황권에 빼앗긴 중부 이탈리아 지역에 대한 영향력을 회복하기 위한 본격적인 정치 작업을 시작하자, 지역 주민들의 강력한 반발에 부딪히게 되었고, 결국 이 도시들은 독립적인 자치 정부를 구성하는 권한을 획득하게 되었다(1183). 이러한 정치적인 상황은 아씨시를 포함한 이탈리아 중부 도시들이 상인, 은행가, 지주 계급들과 같이 경제적인 지배 계층의 손 아래 떨어지는 결과를 낳았다.[5] 게다가 이제 막 태어난 당시 지방 정부들은 종합적인 법률 체계나 효과적인 행정력을 발휘하고 있지 못하는 형편이었다.[6] 다른 중부 이탈리아 도시들과 마찬가지로, 아씨시의 주민들도 사적인 공동 연합체나 조직을 구성하여 다양한 위험과 외부의 적들로부터 자신들의 이익과 삶을 보호해야만 했다.[7] 수바시오의 성 베네딕토 수도원과 같은 부유한 베네딕토회 대수도원들은 오랜 시간 동안 쌓여 왔던 수도원 재산을 정리하기도 했는데, 이러한 작업은 주로 도시의 상인들을 통해서 이루어졌다. 당시 새롭게 떠오르던 계급인 상인들은 자신들의 도구와 자본을 통하여 더 많은 이익을 창출하는 효과적인 방법으로 재산을 거래할 줄 아는 사람들이었

---

5 Dominic Monti, 『Francis and His Brothers: A Popular History of the Franciscan Friars』, Cincinnati, St. Anthony Messenger Press, 2009, 4.

6 Monti, 5.

7 Monti, 5.

다.[8] 또한, 전통적인 기득권 세력이자 정치적으로, 혹은 최소한 관념적으로 여전히 지배계급으로 남아있던 귀족 중 일부 역시 도시 경제의 중산층 계열에 합류한다. 이들이 경제적 이윤을 창출하던 방법은 자신들의 지방에서 생산되던 농산품, 수공예품의 판매와 더불어 당시 교회가 강하게 금기시하던 '고리대금'을 통해서였다. 일부 상인들도 축적된 현금을 통하여 고리대금업에 종사하였고, 프란치스코 성인의 아버지 역시 예외는 아니었을 것으로 보인다. 이에 관하여 안드레 보쉐ANDRÉ VAUCHEZ는 다음과 같이 논한다.

> [프란치스코의 아버지]가 단순하게 옷을 만드는 사람은 아니었을 것으로 보인다. 그의 [상업적] 활동은 매장, 시장, 장터 등 상품이 생산되고 거래되던 장소에서 고객들에게 옷을 팔던 판매 상인이었다. 그의 재산은 … 현금, 예금, 이자와 함께 대출된 현금, 외딴곳에 소유하던 땅에서 발생하는 수익으로 구성되어 있었을 것이다.[9]

당시 아씨시의 경제적 정치적 특색은 '탐욕'과 '권력에 대한 추구'라는 문구로 요약될 수 있다.[10] 종교적 관점에서 보자면 소유와

---

8 André Vauchez, 『Francis of Assisi: the Life and Afterlife of a Medieval Saint』, trans. Michael F. Cusato, New Haven, Yale university Press, 2012, 6.

9 Vauchez, 7.

10 Monti, 5.

획득의 정신이 인간을 하느님에게서 멀리 떨어지도록 유인하는 상황이었다고 볼 수 있다.[11] 나아가 프란치스코 성인 스스로가 상인 출신이었다는 점에 주목할 필요가 있다. 위에서 언급한 역사적인 맥락을 놓고 볼 때, 프란치스코 역시 당시의 경제 및 금융 체계를 잘 알고 있었고, 그 체계를 활용할 줄 아는 사람이었으며, 더 나아가 그 경제 체계로부터 수혜를 입어왔다고 보아도 무방하다.[12]

프란치스코 성인에 대한 첫 번째 공식 전기 사가인 토마스 첼라노는 성인의 초기 회개 여정 동안 프란치스코 성인이 재산과 돈에 대해서 어떤 태도를 보이는지에 대하여 다음과 같은 몇 가지 중요하고 의미 있는 묘사를 전달한다. 그 첫 번째는 청년 프란치스코의 모습을 묘사하는 다음 문장에서 읽을 수 있다. "[그는] 돈의 축적자가 아니라 재산 낭비가였고….".[13] 토마스 첼라노는 이 문장을 통하여 프란치스코가 재산이나 돈에 관련하여 회개 이전부터 이미 관대하고 후한 사람이었다고 묘사한다. 즉, 프란치스코는 부를 축적하는 사람이라기보다는, 오히려 그것을 다른 사람이나 다른 목적을 위하

---

11 Odd Langholm, 『Economics in the Medieval Schools: Wealth, Exchange, Value, Money and Usury according to the Paris Theological Tradition 1200-1350』, Leiden-New York-Köln, E.J.Brill, 1992, 19.

12 Michael F. Cusato, 「The Early Franciscans And The Use of Money」, 『Poverty and Prosperity: Franciscans and the Use of Money』, Washington Theological Union Symposium Papers 2009, ed. Daria Mitchell, New York, Franciscan Institute Publications, 2009, 31.

13 토마스 첼라노, 『아씨시 성 프란치스코의 생애』, 제1생애, 2, 이재성 옮김, 서울, 프란치스코출판사, 2007, 54.

여 소비하거나 탕진하는 데 익숙한 사람이었다는 것이다.

두 번째로는 프란치스코의 폴리뇨 여정 속에서 묘사되는 프란치스코의 태도 속에서 의미 있는 함축을 찾을 수 있다. 프란치스코는 아풀리아 전투 참가를 포기한 직후 아버지 상점의 옷감을 내다 팔러 폴리뇨라는 도시로 떠난다. 그가 타고 갔던 말을 포함하여 모든 것을 다 팔아버리고 돌아오는 길에 프란치스코는 물건을 팔아 받은 돈으로 무엇을 해야 할지 "이 궁리 저 궁리"[14]하게 된다. 아씨시로 돌아오는 길에 프란치스코는 오래되고 낡은 성당 하나를 발견하게 되고, 그 성당의 담당 사제에게 자신이 번 돈을 건네려 하였다. 그러나 사제는 프란치스코의 갑작스러운 변화와 그의 부모에 대한 두려움으로 돈을 선뜻 받지 않는다.[15] 토마스 첼라노는 이 짧은 이야기 안에서 돈과 관련된 프란치스코의 태도를 다음과 같이 묘사한다. 첫째, 프란치스코는 돈 혹은 금전적인 부 앞에서 '이리저리 궁리'하며 곰곰이 생각한다는 점이다. 또한, 프란치스코 자신은 돈에 별 관심이 없지만, 그 돈이 성당을 다시 짓는 데에 유용하게 사용될 수 있을 것으로 생각한다. 즉, 그 돈이 자신의 수중에 있음에도 불구하고 자신에게는 더 이상의 필요나 쓸모가 없음을 분명히 자각하고, 하느님과 관련된 그 무엇에 그 쓰임새가 있으리라고 생각하는 것이다. 또한, 이 이야기 속에서는 프란치스코를 묘사하는 한 가지

---

14 첼라노, 제1생애, 8, 62.
15 첼라노, 제1생애, 8-9, 61-63.

특별한 표현이 등장한다. 이 표현은 'FELIX MECATOR펠릭스 메카토르'라는 구절인데, 번역하자면 '훌륭한 상인' 혹은 '성공적인 상인'이라는 뜻이다. 영어 번역본에도 'SUCCESSFUL MERCHANT'[16]라고 번역되어 있으며, 한국어 번역본에는 "능란한 장사꾼"[17]이라고 번역되어 있다. 본래 교회 전통 안에서 FELIX MECATOR는 예수 그리스도의 구원 경륜을 경제적인 용어로 비유적으로 드러내는 표현이다. 즉, FELIX MECATOR이라는 경제적인 표현 안에서 예수 그리스도는 당신의 거룩함을 인간 조건과 맞바꾸고, 또한 당신의 무한한 풍요로움을 인간의 유한한 조건과 맞바꾸신 분으로 묘사됐다.[18] 그런데 성인전 작가인 토마스 첼라노가 이 표현을 프란치스코를 묘사하는 데에 사용하고 있다. 즉, 토마스 첼라노의 의도는 예수 그리스도와 유사하게 프란치스코 역시 '자신의 지상적 부와 재화'를 '하느님의 사랑과 선함을 드러내는 천상적 부'와 맞바꾸었음을 묘사하고자 했다. 이와 관련하여 토데스키니는 다음과 같이 이야기한다. "이 세상의 부와 풍요로움은 돈으로는 환산할 수 없는 가치를 지니고 있다. 프란치스코가 자신의 회개 시기에 그랬던 것처럼, 돈을 거절한다는 것은 곧 [물질적] 재산에서 멀어짐을 의미할 뿐만 아니라 이 세상의

16　Thomas of Celano, 「The Life of Saint Francis」, I, 4, 8, 『Francis of Assisi: Early Documents』, vol 1, eds. Regis J. Armstrong, Wayne Hellmann, and William J. Short, New York-London-Manila, New City Press, 1999, 188.

17　첼라노, 제1생애, 8, 61.

18　Todeschini, 59.

[진정한] 부를 드러내는 다른 길을 택했음을 의미하는 것이다."[19]

마지막으로, 프란치스코가 아씨시의 주교 앞에서 자신의 모든 옷을 벗는 장면은 재산 혹은 경제적 부에 관한 프란치스코의 결정적인 태도를 묘사하고 있다. 토마스 첼라노는 이 장면을 끝으로 프란치스코의 초기 회개 과정을 마무리하고, 완전히 새로운 가난의 삶이 시작되었음을 알린다. 이 장면 속에서 프란치스코는 완전히 나체로 서서 자신의 옷을 모두 육신의 아버지에게 돌려주며, 조용하면서도 강력하게 하느님만이 유일한 아버지임을 선포한다. 이 장면 안에서 드러난 프란치스코의 강한 확신과 행동은 존재하는 모든 것의 유일하면서도 궁극적인 소유자는 하느님 한 분뿐이시며, 따라서 프란치스코 역시 영적으로나 물적으로나 모든 것을 하느님께 돌려드리는 완전한 가난의 삶을 선택하였음을 극적으로 드러낸다. 토마스 첼라노의 이 묘사는 여러 가지 의미와 방법으로 읽힐 수 있을 것이다. 대부분의 경우 이 장면이 전적으로 영적인 측면에서만 읽혀 온 것도 사실이다. 그러나 경제학자인 오드 랑홈의 경우 '옷을 파는 상인의 아들'이 아씨시 주교의 발 앞에 자신의 모든 '옷'을 내려놓았다는 사실에 집중하면서, 프란치스코가 이 극적인 행동을 통하여 자신의 상업적, 물질적 재산을 완전히 포기하였다고 논한다. 즉, 프란치스코는 자신에게 주어진 부모의 유산뿐만 아니라 경제법적으로 자신에게 속한 모든 것들을 포기한 것이다. 따라서 이 사건은

---

19 Todeschini, 59.

경제적인 시각으로도 충분한 접근과 해석을 할 수 있다고 논한다.[20] 더 나아가, 이후 프란치스코를 따라나선 수많은 프란치스칸들 역시 같은 영적, 경제적 원칙을 따르겠다고 서약한다.[21]

프란치스코와 초기 동료들은 "거룩한 가난과의 교제,"[22] 즉 지상의 우연하고도 유한한 소유권을 천상의 완전하고도 무한한 소유권 및 부와 맞바꾸는 그 '교제'를 통하여 자신들만의 프란치스칸 경제 철학을 형성하였고, 이후 이 철학은 '프란치스칸 경제'라는 구체적인 형태로 진화하게 된다. 경제학자 오드 랑홈은 자신의 저서 『ECONOMICS IN THE MEDIEVAL SCHOOLS(중세 학파의 경제학)』을 통하여 중세 파리 대학 학문 전통 안에서 프란치스칸 경제 이론을 발전시켜 나갔던 중세 프란치스칸 학자들에 대하여 매우 상세하게 기술한다. 또한, 이 프란치스칸 경제 이론을 "프란치스칸 경제학"이라고 구체적이고 명확하게 칭하며, 프란치스칸 경제학이 하나의 학파를 이루고 있었음을 논한다. 즉, 프란치스칸 '가난'이 이제 하나의 '경제학'이 된 것이다. 스테파노 쟈망니 역시 프란치스칸들이야말로 "첫 번째 경제학파"[23]였다고 논한다. 이렇게 가난에 기초한 프란치스칸들의 경제에 대한 이해 및 가르침과 실천은 이후 중세 유럽인

---

20 Langholm, 18.

21 Langholm, 21.

22 첼라노, 제1생애, 35, 94.

23 Stefano Zamagni, 「Catholic Social Thought, Civil Economy, and the Spirit of Capitalism」, 『The True Wealth of Nations: Catholic Social Thought and Economic Life』, ed. Daniel K. Finn, New York, Oxford University Press, 2010, 68.

들의 경제적 생활에 상당한 영향을 미치게 되며, 오늘날 경제를 살아가는 우리에게도 의미 있는 통찰과 실용적인 경제 해법을 제시해 주고 있다.

이 글의 구성에 관하여

이 글은 크게 3장으로 구성되어 있다. 제1장은 프란치스칸적 사회 경제 참여를 위한 프란치스칸 신학과 영성의 핵심 요소들을 다루는 신학적 영성 분야이다. 따라서 제1장은 우선 하느님을 지극히 높은 선善이자 완벽한 가난으로 표현된 선으로 정의하고, 이 근본적인 원리에서 시작하여 인간의 존엄성과 가능성, 피조물의 성사성을 묘사한다. 인간의 존엄성과 피조물의 성사성은 우리의 사회 경제적인 태도를 구체화하는 데 있어서 매우 중요한 원리라고 할 수 있다. 제1장의 소결에서는 하느님, 인간, 피조물이라는 프란치스칸적 해석에서 도출되는 사회 경제적 원리와 함축을 제시한다. 제1장은 이어지는 제2장과 제3장을 보다 더 충만하게 이해하기 위한 영적, 신학적 원리로서 제시되며, 또한, 오늘날을 살아가는 우리에게도 사회 경제 참여를 위한 기본적인 영적인 기초 원리를 제공한다.

제2장에서는 중세 프란치스칸 학자들과 사상가들의 실제적인 경제 문제에 대한 응답과 가르침을 살펴보게 된다. 우선 돈, 상인, 고리대금과 같은 중세 경제의 일반적인 주제들을 살펴본 후, 중세 프란치스칸들의 경제 문제에 대한 이론과 해법을 검토한다. 따라서

제2장에서는 13세기의 아씨시의 프란치스코와 초기 형제들의 사회 경제적 원칙과 태도에서부터 시작하여, 요한 올리비, 둔스 스코투스, 시에나의 베르나르디노를 거쳐 15세기의 초저리 대출 은행인 '몬테스 피에타티스Montes Pietatis'까지 다루게 된다. 몬테스 피에타티스는 재정적으로 가난한 이들을 돕기 위하여 프란치스칸들이 고안한 일종의 초저리 대출 금융 서비스로서, 바로 이 은행의 목적과 활동에 프란치스칸들의 경제 사회 철학이 고스란히 함축되고 녹아 들어가 있다고 할 수 있겠다. 마지막으로 제2장의 소결에서는 프란치스칸들에 의하여 발전되고 재평가된 경제적 개념들과 요소들, 즉 돈, 자본, 이익, 상인, 시장, 공동선 등의 개념이 요약 제시된다.

제3장에서는 오늘날 시장 경제를 위한 프란치스칸적 해법이 제시된다. 이를 위하여 우선 현대 경제의 주요 문제점들, 즉 이윤 극대화의 경제 원리와 소비주의 등의 문제들에 대해서 간략하게나마 짚어보고 분석한다. 또한, 최근의 교황 가르침이 프란치스칸 전통과 경제적 해법을 전체 가톨릭 공동체의 사회 경제적 태도와 해법의 영감과 원천으로 보고 있다는 점을 논한다. 마지막으로 두 가지 경제적 해법을 제시하는데, 그 첫 번째는 가톨릭 및 프란치스칸 전통에 근거한 통합적 회개이다. 여기서 말하는 통합적 회개란, 회개를 지극히 개인적인 완성의 측면에만 가두지 않고, 우리의 일상적인 경제 활동 안에서 '올바른' 경제 활동을 통하여 다른 모든 이들과의 '올바른 관계'를 만들어 나가는 과정을 의미한다. 두 번째로 '프란치스칸 사회적 기업'이라는 실행 가능한 실제적이고 실용적인 경제

적 해법을 제시한다. 프란치스칸 사회적 기업은 프란치스칸 전통이 제시하는 영성적-경제적 해법과 현대 사회적 기업의 중심 요소들을 조화롭게 통합하는 방안이다. 따라서 여기서는 사회적 기업과 사회적 기업에 대한 정의, 특성, 구성 요소들이 묘사되며, 이러한 사회적 기업이 어떻게 프란치스칸 전통과 조화롭게 결합할 수 있는지를 살펴본다. 따라서 제3장은 프란치스칸 전통이 현대 시장 경제에 실제로 적용 가능한 경제적인 대안을 품고 있다는 점을 증명한다.

| 제1장 |

사회 경제 참여를 위한 프란치스칸 중심 영성

아씨시의 성 프란치스코와 그의 초기 동료들에 의해서 시작된 프란치스칸 운동은 "우리 주 예수 그리스도의 가르침과 발자취를 따르는"[24] 복음적 생활이라 불린다. 이 프란치스칸 삶은 프란치스코 당대에 매우 생소한 삶의 형태였는데, 왜냐하면 당시 대부분의 수도생활 공동체들은 복음서보다는 사도행전(2,44-7; 4,32-5)에 묘사된 초기 그리스도교 공동체의 삶을 있는 그대로 따르고 모방하고자 하였기 때문이다.[25] 프란치스코와 초기 형제들은 당대의 수도생활 형태와는 확연히 다른 새로운 형태의 복음적 삶을 살아가면서 또한 새로운 영성도 발전시켜 나갔다. 이들은 이 새로운 영성 안에서 하느님을 지극히 높으신 선善이자 완벽한 가난으로 표현된 선으로 정의했으며, 인간과 피조물의 존엄성을 재평가하였고, 하느님을 이 세상에 존재하는 모든 것들의 단 하나의 원천으로 삼는 우주적인 형제적 공동체를 이야기하였다. 더 나아가 이 새로운 영성은 이후 프

24　아씨시의 프란치스코, 「인준받지 않은 수도규칙」, 제1장, 1, 『프란치스코와 클라라의 글』, 서울, 프란치스코 출판사, 2014, 195.
25　William J. Short, 『Poverty and Joy: The Franciscan Tradition』, New York, Orbis Books, 1999, 22.

란치스칸 신학과 영성 전통을 수립한 후대 형제들뿐만 아니라 실제적인 사회 경제적인 이론, 적용, 실천을 발전시켜 나간 형제들에게도 심대한 영향을 미치게 된다.

제1장에서는 프란치스칸 사회 경제 참여 활동에 기본적인 영성적 토대를 제공하는 프란치스칸 가르침과 영성을 묘사하고자 한다. 우선 지극히 높으신 선이자 거룩한 가난으로 표현된 하느님의 본성에 대해서 논할 것이고, 그 이후 인간과 피조물에 대한 프란치스칸 관점을 서술하고자 한다. 그리고 마지막으로 소결론에서는 이 영성이 담는 사회 경제적 함축과 의미를 논할 것이다. 따라서 제1장에서는 중세 프란치스칸 역사에서 가장 중요한 인물들, 즉 프란치스코, 보나벤투라, 둔스 스코투스, 요한 올리비 등의 영성과 신학에 대하여 간단하게나마 다루게 될 것이다. 이번 장에서 논하게 될 여러 신학적 영성의 주제들이 우리 프란치스칸들의 사회 경제 문제 참여를 위한 프란치스칸적인 영적인 원천과 발판을 마련해 줄 것으로 생각한다.

'지극히 높은 선'이자 '가난'으로 표현된 하느님

아씨시의 프란치스코

　많은 프란치스칸 학자들이 일관되게 이야기하듯이, 성 프란치스코는 하느님을 지극히 높으신 선으로 규정한다. 이에 관하여 프란치스코는 「인준받지 않은 수도규칙」에서 다음과 같이 서술한다. "우리는 지극히 높으시고 지존하신 주 하느님께 모든 좋은 것을 돌려드리고, 모든 좋은 것이 바로 그분의 것임을 깨달으며, 모든 선에 대해 그분께 감사드립니다."[26] 이 문장에서 프란치스코는 하느님이 좋으신 분일 뿐만 아니라, 이 세상에 존재하는 모든 피조물이 하느님의 선에 그 뿌리를 두고 있음을 이야기한다. 따라서 하느님은 존재하는 모든 좋은 것들의 원천이신 지극히 높으신 선이라고 할 수 있겠다. 하느님이 존재하는 모든 것들의 원천이라면, 이 세상의 모든 것들 역시 좋으며 궁극적으로 하느님에게만 속한다고 이야기할 수 있다. 프란치스코의 이러한 하느님에 대한 철학은 그의 다른 영성적 주제들, 즉 가난, 피조물, 우리가 맺는 사람들 및 피조물과의 관계 등에 대한 중심 원리로 작동하게 된다.

26　아씨시의 프란치스코, 「인준받지 않은 수도규칙」, 제17장, 17, 216.

존재하는 모든 것들의 원천이자 지극히 높으신 하느님이라는 이 개념은 프란치스코의 그리스도론적 영성에도 밀접하게 관련되어 있다. 프란치스코는 하느님의 육화를 하느님의 자유로운 사랑의 결정이었다고 보았다. 윌리엄 쇼트WILLIAM SHORT가 명시하듯이, 프란치스코는 하느님의 육화를 "그 어떤 것도 고수하지 않는, 심지어는 당신의 신성마저도 고수하지 않는 하느님의 너그러움(GENEROSITY)"[27]으로 체험하였다. 즉, '거룩한 말씀'이 피조물이 되고자 하였고, 그렇게 되기를 택하였으며, 따라서 삼위일체는 우리에게 언제나 자기 자신을 자유롭게 내어주는 지극히 높으신 선으로, 또한 모든 것을 당신의 사랑과 선 안에서 창조하고 지탱하는 분으로 체험되고 이해되었다.

프란치스코와 초기 형제들은 하느님을 이렇게 자기 자신을 사랑과 자유로움 안에서 늘 우리에게 내어주는 선하신 분으로 체험하였고, 따라서 '가장 거룩한 가난의 삶'[28]을 엄격하게 추구하였다. 왜냐하면, 이 세상에 존재하는 모든 것들은 그 존재 자체로서 자신들이 속한 하느님의 궁극적인 소유권을 계시하였기 때문이었다. 그러므로 프란치스코와 초기 형제들은 이 세상에 존재하는 모든 것이 '실제로' 하느님에게만 속하므로 우리에게는 아무것도 속하지 않는다

---

27 Short, 『Poverty and Joy』, 38.
28 여기서 말하는 '가장 거룩한 가난의 삶'이란 프란치스칸들이 스스로 자발적으로 택한 가난을 의미한다. 이 가난은 억압받는 이들의 비자발적 가난을 의미하지는 않는다.

는 자명한 사실을 '가난'이라는 삶의 방법과 영성으로 살아가고자 노력하였다. 이러한 초기 형제들의 지극히 거룩한 가난에 대한 추구에 대하여 토마스 첼라노는 다음과 같이 아름답게 묘사한다. "허망한 즐거움이나 육적인 즐거움을 불러일으킬 수 있는 것은 도무지 거들떠보지도 않았고 갖지도 않았을 때에 그들에게는 큰 기쁨이 있었다. 그리하여 거기에서 그들은 거룩한 가난과 교제를 하기 시작하였다."[29] 「인준받지 않은 수도규칙」 17장에서 표현하듯이, 프란치스코는 모든 좋은 것들이 하느님에게서 온다는 분명한 깨달음이 있었고, 이 깨달음을 새로운 삶의 계획, 즉 개인적-공동체적 가난이 지배하는 완전한 가난의 삶의 계획으로 발전시킨다. 이런 맥락에서 프란치스코는 인간 원죄의 의미도 새롭게 정의한다. 원죄는 단순히 인간의 불순종 문제라기보다는 우리 인간이 오직 하느님에게만 속한 것들을 부당하게 소유하는 것을 의미하게 되는 것이다. 이에 관하여 프란치스코는 「권고」 2번에서 다음과 같이 말한다. "그런데 자기 의지를 자기의 것으로 삼고, 자기 안에서 주님께서 말씀하시고 이루시는 선을 자랑하는 바로 그 사람은 선을 알게 하는 나무에서 열매를 따 먹는 것입니다."[30] 즉, 참된 프란치스칸 가난은 하느님이 지극히 선한 분이심을 깨닫고, 또한 모든 좋은 것들이 그 하느님에게서 온다는 사실을 자각하며, 그 좋은 것들을 감사롭게 다

---

29 첼라노, 제1생애, 35, 93-94.
30 아씨시의 프란치스코, 「권고들」, 2, 3, 272.

시 하느님께 돌려드리는 것이다.[31] 프란치스코와 초기 형제들이 살았던 가난의 삶은 단순한 참회의 행위나 금욕적 실천이 아니었다. 이 가난은 거룩한 복음을 따르는 아주 구체적이고도 실제적인 삶의 계획이었다. 즉, 초기 형제들에게 있어서 가난한 삶이라는 프로그램은 예수 그리스도의 탄생, 삶, 활동, 죽음, 부활에서 읽을 수 있는 하느님의 자비로운 내어주심을 있는 그대로 따르는 삶이었다.[32] 이 가난의 삶은 '가난'을 복음적 권고 중 하나로 바라보았던 전통적인 시각을 한참 넘어서는 것이었다.[33] 따라서 프란치스코는 이 새로운 삶에 참여하기를 원하는 모든 이들에게 자신의 것을 모두 팔아 가난한 사람들에게 나누어 주라고 명하였고,[34] 그 어떤 형제도 자신들의 일터에서 더 높은 위치에 오르기를 원하지 말아야 한다고 강조하였다.[35] 또한, 그 어떤 형제도 돈을 받아서는 안 된다고 가르쳤으며,[36] 형제들 모두 항상 좋은 일에 종사하기를 희망하였다.[37]

더 나아가서, 개인적, 공동체적 가난의 삶을 엄격하게 실행하는

31　Thaddée Matura, 「Francis of Assisi - Theologian?」, 『A Pilgrimage Through the Franciscan Intellectual Tradition』, eds. André Cirino and Josef Rascal, Canterbury, U.K, Franciscan International Study Centre, 2008, 20.

32　Short, 『Poverty and Joy』, 62.

33　David Flood, 『Francis of Assisi's Rule and Life』, Phoenix, Tau Publishing, 2013, 21.

34　아씨시의 프란치스코, 「인준받지 않은 수도규칙」, 2, 4, 196.

35　아씨시의 프란치스코, 「인준받지 않은 수도규칙」, 7, 1, 202.

36　아씨시의 프란치스코, 「인준받지 않은 수도규칙」, 8, 3, 204.

37　아씨시의 프란치스코, 「인준받지 않은 수도규칙」, 7, 12, 203.

프란치스칸 삶은 이전의 대수도원의 수도승적인 삶의 양식과는 전혀 다른 수도생활 양식이 시작되었음을 세상에 알렸다. 대수도원의 수도승적 삶 안에서는 수도자들이 개인적인 소유권을 포기하였지만, 공동체는 합법적으로 재산을 소유하였다. 따라서 수도원은 사회 안에서 그에 합당한 법적인 권리와 지위를 가지고 있었다.[38] 그러나 공동체적으로도 아무것도 소유하지 않았던 프란치스칸 삶의 양식은 사회적인 법체계 안에서도 이전의 수도생활과는 확연히 다른 양상을 띠게 되었다. 이러한 초기 프란치스칸의 새로운 삶의 양식은 이후 프란치스칸 형제들이 사회 경제적 문제들을 다루는 구체적인 태도에 심원한 영적인 기초를 놓게 된다.

바뇨레지오Bagnoregio의 보나벤투라

보나벤투라(1235-1274)의 하느님 관은 기본적으로 프란치스코 성인의 영향 아래, 위-디오니시우스(Pseudo-Dionysius)와 성 빅토르의 리처드(Richard of St. Victor)의 사상이 잘 조화되어 나타난다. 보나벤투라는 하느님을 '자기-증여 혹은 자기-확산적인 선善이신 삼위일체 하느님(Triune God as self-diffusive goodness)'으로 정의한다. 이에 관하여

---

38 Joseph P. Chinnici, 「Framing Our Engagement with Society」, 『The Franciscan Moral Vision: Responding to God's Love』, ed. Thomas A. Nairn, New York, Franciscan Institute Publications, 2013, 236.

보나벤투라는 다음과 같이 서술한다. "하느님은 가장 완벽하시기에, 가장 높으신 선이시다."[39] 또한 "선은 그 자체로 확산적이라면 최고선은 최고로 자기를 확산하는 것이다."[40] 보나벤투라 자신도 서술하듯이, 지극히 높으신 선과 사랑으로서의 하느님의 본성은 하느님은 지극히 자기-확산적이고, 따라서 자기-통교적(Sᴇʟꜰ-ᴄᴏᴍᴍᴜɴɪᴄᴀᴛɪᴠᴇ)이라는 결론에 이르게 된다. 왜냐하면, 참된 선의 속성은 자기 증여적이고 자기 확산적이기에 결코 자기 안에 갇혀있을 수 없기 때문이다.[41] 여기서 '자기-확산적'이라는 말은 '자기를 나누는'으로, 또한 '자기-통교적'이라는 말은 '자기를 알려주는'이라는 더 쉬운 의미로 해석해서 알아들을 수 있겠다. 이러한 삼위일체 하느님의 본성에 관하여 케난 오스본Kᴇɴᴀɴ Oꜱʙᴏʀɴᴇ은 다음과 같이 간명하게 설명한다. "하느님은 내어줌으로써 존재한다."[42] 하느님은 자신의 자기-증여

---

39 Bonaventure, 「Commentary on II Sentences」, I, 2, I, I, resp., quoted in Thomas A. Shanon, 「Generosity in Action」, 『The Franciscan Moral Vision: Responding to God's Love』, ed. Thomas A. Narirn, New York, Franciscan Institute Publications, 2013, 131.

40 보나벤투라, 「하느님께 나아가는 정신의 여정」, 6, 2, 박장원 옮김, 『프란치스칸 삶과 사상』, 제41호, 2014년 봄, 54.

41 Zachary Hayes, 「Bonaventure: Mystery of the Triune God」, 『The History of Franciscan Theology』, ed. Kenan B. Osborne, New York, The Franciscan Institute, 1994, 57-58.

42 Kenan B. Osborne, 「The Development of the Spiritual Vision of Francis and Clare into a Major Spiritual and Theological Tradition」, 『The Franciscan Moral Vision: Responding to God's Love』, ed. Thomas A. Nairn, New York, Franciscan Institute Publications, 2013, 64.

혹은 자기-확산이라는 속성 안에서 자신을 내어줌으로써 존재하므로, 삼위일체 하느님의 본성은 매우 관계적이고, 완벽하고 지속적인 자기 비움이며, 따라서 완벽한 가난으로서 표현된다고 말할 수 있겠다. 이 가난은 역사 안에서 예수 그리스도의 십자가를 통하여 명확하게 구체화 되었다.

보나벤투라의 글 인에서는 '완벽한 가난의 표현으로서의 하느님'이라는 개념이 분명하게 쓰여 있지는 않다. 그러나 한 가지 명확한 점은 예수 그리스도의 삶에서 흘러나오는 가난의 개념이 보나벤투라의 가르침과 영성 안에서 매우 중요한 역할을 하고 있다는 점이다. 이에 관하여 재커리 헤이스ZACHARY HAYES는 다음과 같이 이야기한다. "프란치스코의 영감을 따라 보나벤투라 역시 예수의 가난의 중요성, 특별히 십자가의 신비 안에 드러난 가난의 중요성을 강조한다."[43] 더 나아가 보나벤투라는 이 가난이라는 개념을 그리스도인 삶의 완벽함을 성취하기 위한 하나의 삶의 프로그램으로 발전시킨다. 이에 관하여 보나벤투라는 다음과 같이 적는다. "따라서 그리스도를 위하여 공동체적으로나 개인적으로나 아무것도 소유하지 않는 삶은 그리스도인의 완벽함에 관련된다. … 주님이신 그리스도께서 당신의 가르침과 삶의 방법과 영감을 통하여 친히 그것을 확인해 주셨다."[44] 따라서 보나벤투라는 예수 그리스도의 삶을 모방하고

---

43 Hayes, 「Bonaventure: Mystery of the Triune God」, 85.
44 Bonaventure, 「Disputed Questions on Evangelical Perfection」, II, 1, Conclusion, 『Works of St. Bonaventure, Volume XIII: Disputed Questions on Evangelical

삼위일체의 본성을 반영하는 '자발적 가난의 삶'을 우리의 지상 여정에서 완벽함에 이를 수 있는 가장 탁월한 길로 제시한다.

이러한 가난에 대한 보나벤투라의 통찰은 수도회 외부 세력의 공격에 방어하고 또한 프란치스칸 형제들의 가난의 삶을 바로 잡는 과정 안에서 더욱더 발전된다. 보나벤투라는 당시 수도회 외부 비판자들의 프란치스칸 가난 문제에 대한 공격에 방어하기 위하여 『복음적 완벽함에 대한 논쟁(DISPUTED QUESTIONS ON EVANGELICAL PERFECTION)』 이라는 글을 저술하는데, 여기서 그는 프란치스칸들의 자발적 가난이 예수 그리스도 안에 그 깊은 뿌리를 두고 있음을 증명하고 변호한다.[45] 더 나아가 보나벤투라는 프란치스코의 실천과 영감, 그리고 교회의 프란치스칸 가난에 대한 해석에 따라, 프란치스칸 형제들은 그 어떤 재산이나 재화에 관하여 소유권을 가질 수 없고 오직 자발적인 가난 안에서 재화를 '사용할 권리'만 있음을 분명히 한다. 이에 관하여 보나벤투라는 다음과 같이 서술한다. "일시적인 재화의 사용은 인간 삶에 있어서 필요한 부분이고, 아무 재산도 소유하지 않은 가난한 사람들의 경우에서 분명하게 [드러나듯이] [이러한 사용은] 소유권이나 [고정된] 재산 없이도 가능하다."[46] 전반적으로 보

Perfection』, introduction and notes by Robert J. Karris, Translation by Thomas Reist and Robert J. Karris, New York, Franciscan Institute Publication, 2008, 72.
45 Bonaventure, 「Disputed Questions on Evangelical Perfection」, II, 1, Conclusion, 72.
46 Bonaventure, 「Disputed Questions on Evangelical Perfection」, II, 1, Replies

혹은 자기-확산이라는 속성 안에서 자신을 내어줌으로써 존재하므로, 삼위일체 하느님의 본성은 매우 관계적이고, 완벽하고 지속적인 자기 비움이며, 따라서 완벽한 가난으로서 표현된다고 말할 수 있겠다. 이 가난은 역사 안에서 예수 그리스도의 십자가를 통하여 명확하게 구체화 되었다.

보나벤투라의 글 안에서는 '완벽한 가난의 표현으로서의 하느님'이라는 개념이 분명하게 쓰여 있지는 않다. 그러나 한 가지 명확한 점은 예수 그리스도의 삶에서 흘러나오는 가난의 개념이 보나벤투라의 가르침과 영성 안에서 매우 중요한 역할을 하고 있다는 점이다. 이에 관하여 재커리 헤이스 Zachary Hayes는 다음과 같이 이야기한다. "프란치스코의 영감을 따라 보나벤투라 역시 예수의 가난의 중요성, 특별히 십자가의 신비 안에 드러난 가난의 중요성을 강조한다."[43] 더 나아가 보나벤투라는 이 가난이라는 개념을 그리스도인 삶의 완벽함을 성취하기 위한 하나의 삶의 프로그램으로 발전시킨다. 이에 관하여 보나벤투라는 다음과 같이 적는다. "따라서 그리스도를 위하여 공동체적으로나 개인적으로나 아무것도 소유하지 않는 삶은 그리스도인의 완벽함에 관련된다. … 주님이신 그리스도께서 당신의 가르침과 삶의 방법과 영감을 통하여 친히 그것을 확인해 주셨다."[44] 따라서 보나벤투라는 예수 그리스도의 삶을 모방하고

43　Hayes, 「Bonaventure: Mystery of the Triune God」, 85.
44　Bonaventure, 「Disputed Questions on Evangelical Perfection」, II, 1, Conclusion, 『Works of St. Bonaventure, Volume XIII: Disputed Questions on Evangelical

삼위일체의 본성을 반영하는 '자발적 가난의 삶'을 우리의 지상 여정에서 완벽함에 이를 수 있는 가장 탁월한 길로 제시한다.

이러한 가난에 대한 보나벤투라의 통찰은 수도회 외부 세력의 공격에 방어하고 또한 프란치스칸 형제들의 가난의 삶을 바로 잡는 과정 안에서 더욱더 발전된다. 보나벤투라는 당시 수도회 외부 비판자들의 프란치스칸 가난 문제에 대한 공격에 방어하기 위하여 『복음적 완벽함에 대한 논쟁(DISPUTED QUESTIONS ON EVANGELICAL PERFECTION)』이라는 글을 저술하는데, 여기서 그는 프란치스칸들의 자발적 가난이 예수 그리스도 안에 그 깊은 뿌리를 두고 있음을 증명하고 변호한다.[45] 더 나아가 보나벤투라는 프란치스코의 실천과 영감, 그리고 교회의 프란치스칸 가난에 대한 해석에 따라, 프란치스칸 형제들은 그 어떤 재산이나 재화에 관하여 소유권을 가질 수 없고 오직 자발적인 가난 안에서 재화를 '사용할 권리'만 있음을 분명히 한다. 이에 관하여 보나벤투라는 다음과 같이 서술한다. "일시적인 재화의 사용은 인간 삶에 있어서 필요한 부분이고, 아무 재산도 소유하지 않은 가난한 사람들의 경우에서 분명하게 [드러나듯이] [이러한 사용은] 소유권이나 [고정된] 재산 없이도 가능하다."[46] 전반적으로 보

Perfection』, introduction and notes by Robert J. Karris, Translation by Thomas Reist and Robert J. Karris, New York, Franciscan Institute Publication, 2008, 72.

45 Bonaventure, 「Disputed Questions on Evangelical Perfection」, II, 1, Conclusion, 72.

46 Bonaventure, 「Disputed Questions on Evangelical Perfection」, II, 1, Replies

나벤투라의 『복음적 완벽함에 대한 논쟁』은 프란치스칸 경제, 즉 공동체적으로나 개인적으로나 그 어떤 것도 소유하지 않는 삶의 원칙에 근거한 프란치스칸 경제 프로그램을 명확하게 드러낸다고 볼 수 있다.[47] 또한, 이러한 보나벤투라의 기난에 대한 사상과 가르침은 오늘날에도 일종의 대안적인 사회 경제 방안을 함축하고 있다고 볼 수 있다. 즉, 모든 좋은 것들의 유일한 소유권자인 하느님과 그 하느님이 창조한 이 세상 안에서 재산과 재화를 사용하는 우리의 올바르고 직입힌 태도가 어떠해야 하는지에 대한 심원한 가르침과 함축을 담고 있고, 그 함축이 하나의 사회 경제 대안의 원칙으로서 제시될 수 있을 것이다.

베드로 요한 올리비

베드로 요한 올리비(1248-1298)는 당대의 여타 신학자들과는 달리 신학과 성경에 대하여 독특한 태도를 보인다. 아리스토텔레스의 영향 아래 파리 대학을 중심으로 활동하던 토마스 아퀴나스나 보나벤투라 등의 13세기의 신학자들은 신학을 잘 정리된 지식의 본체로 보았다.[48] 이에 관하여 보나벤투라는 다음과 같이 서술한다.

---

to the Arguments for the Negative Position, 75.
47 Chinnici, 236.
48 David Flood, 「The Theology of Peter John Olivi: A Search for a Theology

신학의 주제는 실로 하느님과 제1 원리이다. … 나는 거룩한 성경의 진리가 하느님에게서 왔으며, 하느님을 따른 것이며, 또한 하느님을 위하여 있다는 것을 증명하기 위하여 제1 원리로부터 각각의 사유를 도출하고자 하였다. … 그렇다면 이 학문이 잘 조합되고 하나의 진정한 통일을 이루고 있으며, 또한 이 학문이 신학이라고 불리는 것이 적절하지 않다는 것이 옳지 않음을 드러낼 것이다.[49]

그러나 올리비는 위와 같은 신학적 입장, 즉 성경을 하나의 학문으로 보는 견해를 거부하고, "이 성경과 이 책의 주제가 무엇인가?"[50]라는 간명한 질문 만을 던질 뿐이다. 즉, 올리비는 성경에서 도출된 요소들에 대한 신학적 조직화를 거부하였고, 오직 성경에서 드러난 명확하고도 간결한 주장의 중요성과 우선성을 강조하였다.[51]

이러한 맥락 아래에서 올리비는 성경의 메시지가 우리 인간을 본래의 완벽함으로 복원시킬 수 있다고 보았다.[52] 그리고 이러한 복

---

and Anthropology of the Synoptic Gospels」, 『The History of Franciscan Theology』, ed. Kenan B. Osborne, New York, The Franciscan Institute, 1994, 136.
49 Bonaventure, 「Breviloquium」, Prologue, (6), 6, 『The Works of Bonaventure: Cardinal, Seraphic Doctor, and Saint, II. The Breviloquium』, trans. José de Vinck, New Jersey, St. Anthony Guild Press, 1963, 22.
50 Flood, 「The Theology of Peter John Olivi」, 136.
51 Flood, 「The Theology of Peter John Olivi」, 142.
52 Flood, 「The Theology of Peter John Olivi」, 149.

원은 예수 그리스도가 살았던 '가난'에 의해서 성취된다고 논한다.[53] 올리비는 이 논리를 증명하면서 다음과 같이 주장한다. "예수 그리스도는 가난했을 뿐만 아니라 가난한 것이 옳았다."[54] 만약 예수가 소유의 정신으로 지배되는 사회적 관계 안에서 그들과 같은 철학으로 행동하였다면 결코 사람들을 구원하지 못했을 것이라는 것이다. 즉, 올리비에 따르면, 예수는 완전한 가난 안에 있음으로써, 또한 소유라는 사회적 체계에 있지 않음으로써, 자신의 힘과 통치권을 가지게 된 것이다.[55] 데이비드 플러드DAVID FLOOD는 이러한 올리비의 사상을 해석하면서 만약 그리스도가 개인적으로나 공동체적으로나 부를 누렸더라면, 만약 그랬더라면 다음 세상보다는 지금 현세에 더 관심이 있는 부패한 이들과 아첨꾼들에게 찬양받고 공경받았을 것이라고 논한다.[56]

따라서 가난은 인간 삶의 모든 측면에서 가장 중요한 삶의 프로그램이 된다. 올리비는 자신이 서술한 『복음적 완벽함에 대한 질문들(QUESTIONS ON EVANGELICAL PERFECTION)』 중 여덟 번째 질문에서 복음적 가난이 겸손, 애덕, 사회적 조화 등의 인간 생활의 여러 측면에서 이바지할 수 있음을 증명한다.[57] 또한, 올리비는 재산과 재화의 '가난한

---

53 Flood, 「The Theology of Peter John Olivi」, 159.
54 Flood, 「The Theology of Peter John Olivi」, 161.
55 Flood, 「The Theology of Peter John Olivi」, 161-162.
56 Flood, 「The Theology of Peter John Olivi」, 165.
57 David Burr, 『Olivi and Franciscan Poverty』, Philadelphia, PA, University of Pennsylvania Press, 1989, 44.

사용(USUS PAUPER)'이 프란치스칸의 가난 서약에 포함되어 있다고 보았고, 프란치스칸 가난이라는 개념을 단순히 '소유하지 않음'을 넘어서서 '오직 필요한 것만 사용'한다는 개념으로 발전시켰다.[58]

올리비 당시에는 피오레의 요아킴 사상이 만연되어 있었으며, 많은 신학자와 사상가들이 그 사상 안에서 세상을 바라보는 경향이 있었다.[59] 보나벤투라 역시 프란치스칸 가난을 방어하는 데에서 요아킴적인 종말론적 사상이 두드러지게 나타난다.[60] 올리비도 예외는 아니었다. 따라서 그도 역시 이 세상의 역사가 다섯 번째 단계를 떠나고 있다고 보았고, 작은형제들의 수도규칙에 적힌 복음적 가난을 더욱더 확고하게 해야 할 때라고 생각했다. 올리비 역시 프란치스코를 '여섯 번째 봉인을 가진 천사'로 이해하였고, 또한 올바른 시기에 가난의 가치를 복원하고 그 가난을 살아간 성인으로 묘사하였다.[61] 바로 이런 맥락에서 가난은 "여섯 번째 시기의 사랑과 광명을 위한 길"[62]로서 이해되었고, 따라서 종말론적인 의미도 지니게 되었

---

58   Burr, 45-46.
59   피오레의 요아킴은 이 세상의 역사를 크게 삼등분으로 구분해서 보았다. 구약 시대는 성부의 통치 아래 있었다고 보았고, 신약 시대는 성자의 권한 아래 있다고 보았으며, 성령이 당대에 숨을 불어넣고 있다고 보았다. 또한 요아킴은 요한 묵시록 7장에 묘사된 '여섯 봉인을 지닌 천사'가 이 세 번째 시기의 마지막(일곱 번째 시기)을 알리기 위하여 돌아올 것이라 예언하였다. 당대의 많은 프란치스칸들이 이 천사가 바로 오상을 받은 성 프란치스코라고 믿었다.
60   Hayes, 「Bonaventure: Mystery of the Triune God」, 115-116.
61   Flood, 「The Theology of Peter John Olivi」, 168.
62   Flood, 「The Theology of Peter John Olivi」, 169.

다. 그러므로 올리비는 작은형제회가 인간을 완벽함으로 복원시키는 복음적이고 자발적인 가난의 삶을 열정적으로 추구함으로써 마지막 일곱 번째 시기를 준비해야 한다고 생각하였다.

또한, 올리비는 우리 인간 현실과 역사를 이해하는 데에서 가장 중요한 원천이 바로 성경이라고 생각하였고, 나아가 성경의 가난에 기반을 둔 프란치스칸 사회 참여 행동을 제안한다. 올리비는 이러한 프란치스칸 사회 참여가 경제적 이익과는 전혀 관련이 없고, 오히려 반대로 자발적 가난에 근거하여 이 사회 안에서 참된 형제적 관계를 도모하는 것이므로, 우리 인류 전체의 회복에 이바지할 것으로 보았다.[63] 이에 관하여 데이비드 플러드는 다음과 같이 첨언한다. "우리는 프란치스칸 가난이라는 차원으로 삶의 방편들을 결부시킴으로써, 다른 이들과 더 조화롭게 일하고 지낼 수 있으며, 또한 우리 자신들이 하느님에게 향하도록 준비할 수 있다. … 요약하자면, 우리는 가난을 통하여 더 잘 살 수 있고, 더 잘 일할 수 있다."[64] 올리비는 이렇게 프란치스칸의 자발적 가난이 진정한 공동체를 건설할 수 있다고 보았는데, 이 진정한 공동체는 당연히 "사회적 야망이라는 기반 위에서 움직이는 부富의 역동과는 전혀 반대되는"[65] 개념이었다. 또한, 올리비는 이렇게 가난이라는 삶의 계획에서 출발하여, 시장 경제의 매우 실질적인 요소들인 돈, 이익, 자본, 상인, 시장

---

63 Flood, 「The Theology of Peter John Olivi」, 160.
64 Flood, 「The Theology of Peter John Olivi」, 160.
65 Flood, 「The Theology of Peter John Olivi」, 167.

등에 대한 당시로써는 획기적인 이론들을 전개하게 되고, 이는 이후 중세 시장 경제에 커다란 영향을 미치게 된다. 이에 관하여는 다음 장에서 더 자세하게 다루도록 하겠다.

피조물과 인간

프란치스코

　우리의 사회 경제적 참여에서 또 다른 중요한 영성은 바로 피조물과 인간에 대한 정의라고 할 수 있겠다. 프란치스코는 「태양 형제의 노래」를 통하여 모든 피조물의 성사성聖事性을 아름답게 노래한다. 이 노래는 프란치스코가 죽기 1년 전인 1225년에 완결되는데, 이때는 프란치스코가 깊은 병 중에 있던 시기였고, 더구나 혹독한 눈병으로 인해서 온전한 시각도 가지지 못했던 상황이었다. 따라서 「태양 형제의 노래」는 단순한 혹은 그저 기쁨에 가득 찬 노래라기보다는, 각자의 방법으로 하느님을 찬미하는 피조물과 하느님이 거하시는 장소로서의 피조물을 알아보라고 일깨우며, 우리 모두를 피조물에 대한 관상으로 부르는 일종의 장엄한 초대라고 보는 것이 옳을 것이다. 즉, 프란치스코는 이 노래를 통하여 하느님을 알기 위해서는 피조물을 관상해야 한다고 초대하고 있다.[66] 피조물의 작가는 하느님이기에, 전체 피조계는 사실 하느님에 관한 '무엇인

66　Kenan B. Osborne, 「The Center of the Spiritual Vision」, 『The Franciscan Moral Vision: Responding to God's Love』, ed. Thomas A. Nairn, New York, Franciscan Institute Publication, 2013, 29.

가'를 이야기하고 있으며, 또한 우리 인간들에게 피조물 자신들에게 새겨진 하느님의 모상을 찾고, 보고, 관상하라고 끊임없이 우리에게 손짓하고 있다. "만약 하느님의 사랑, 힘, 선, 찬미, 아름다움, 공경, 축복이 피조물의 출생지라면, 모든 피조물은 하느님의 사랑, 힘, 선, 찬미, 아름다움과 축복을 피조물의 유한한 방식으로 드러내고 있다."[67] 이렇게 프란치스코는 이 노래를 통하여 어느 장소에서나 발견되는 하느님의 현존을 보고 체험하도록 우리를 일깨운다. 만약 하느님의 현존을 이 세상 어느 곳에서나 찾을 수 있다면, 그렇다면 우리 인간들은 모두 그에 합당하게 행동하도록 초대받는 것이다. 즉, 인간을 포함한 모든 피조물을 하느님의 뜻에 맞게 보호하는 정의와 평화를 실천하면서 이 세상 모든 이들과 피조물에게 형제자매가 되어야 하는 우리의 의무를 일깨우는 것이다.

이렇게 「태양 형제의 노래」는 우리의 거룩한 부르심, 즉 "그리스도인들과 비그리스도인들, 인간과 비인간, 그 모두를 포괄하는 전체 피조물에"[68] 형제와 자매가 되어야 한다는 우리의 성소를 일깨운다. 프란치스코는 「백성의 지도자들에게 보낸 편지」에서 이슬람의 관습인 살랏SALAT에서 영감을 받은 새로운 종교 행위를 그리스도교에 소개하는데,[69] 이러한 예를 통해서도 프란치스코의 보편적이고 우

---

67 Osborne, 「The Center of the Spiritual Vision」, 29.
68 Osborne, 「The Center of the Spiritual Vision」, 36.
69 아씨시의 프란치스코, 「백성의 지도자들에게 보낸 편지」, 7, 155: 여기서 프란치스코는 다음과 같이 말한다: "그리고 여러분에게 맡겨진 백성들이 주님

주적인 형제적 전망을 분명하게 볼 수가 있다. 케난 오스본은 이러한 프란치스코의 형제적 전망이 아름다운 피조물들, 즉 형님인 태양, 누님인 달, 형님인 불, 자매인 물에만 국한되지 않고, 형제 나환자와 형제 도둑에게까지도 확장된다고 논한다.[70] 실제로 프란치스코는 「인준받지 않은 수도규칙」 제7장에서 다음과 같이 적는다. "그리고 찾아오는 사람은 누구나, 벗이나 원수든, 도둑이나 강도든 모두를 친절하게 맞을 것입니다."[71] 또한, 초기 형제들은 실제로 핍박받고 어려움 중에 있는 형제들을 위해서 또한 그들과 함께 일하였다. 이는 「인준받지 않은 수도규칙」 9장에 다음과 같이 잘 함축되어 있다. "그리고 천한 사람들과 멸시받는 사람들 가운데에서, 또한 가난한 사람들과 힘없는 사람들, 병자들과 나병 환자들, 그리고 길가에서 구걸하는 사람들 가운데에서 살 때 기뻐해야 합니다."[72]

「태양 형제의 노래」는 '상호 의존성'이라는 또 다른 중요한 개념을 노래한다. 프란치스코는 이 노래 안에서 태양, 달, 별, 물, 바람, 불, 땅 등 모든 종류의 피조물에 대한 놀라운 경의를 보이고[73] 또한, 이 노래 안에서 묘사되는 모든 피조물은 모두 각자의 방법으로 하

께 큰 공경을 바치게끔 매일 저녁 온 백성에게 전달자를 통해서나 다른 신호로 통보하여 그들이 전능하신 주 하느님께 찬미와 감사를 드리게 하십시오."

70　Osborne, 「The Center of the Spiritual Vision」, 37.
71　아씨시의 프란치스코, 「인준받지 않은 수도규칙」, 7, 14, 201.
72　아씨시의 프란치스코, 「인준받지 않은 수도규칙」, 9, 2, 205.
73　Ilia Delio, 『A Franciscan View of Creation: Learning to Live in a Sacramental World』, New York, The Franciscan Institute, 2003, 19.

느님을 찬미한다. 바로 이 점이 이 노래가 함축하고 있는 상호 의존성이다. 모든 것은 연결되어 있고, 모든 것은 서로에게서 생명을 주고받고 있다. 만약 타인이나 다른 피조물이 없다면, 그 어떤 피조물도, 그 어떤 인간도 존재할 수 없다. 현대 과학도 "우리 인간은 피조물에 의존하고 있고, 피조물 역시 우리 인간에 의존하고 있다"[74]고 밝히고 있다. 모든 인간과 피조물은 우리를 창조하고 지탱하는 바로 그 하느님의 사랑에 기초하고 있다. 더 나아가 우리 모든 피조물은 서로의 사랑과 생명에 의존하고 있다. 따라서 상호 의존성은 우리 모든 피조물이 공유하는 하나의 본성이라고 말할 수 있으며, 나아가 우리는 이 상호 의존성이라는 우리의 본성을 기쁘고 적극적으로 받아들여 모든 피조물, 모든 사람, 특별히 천대받고 멸시받는 사람들과 함께 더 조화로운 가족적인 유대를 건설해야 할 것이다.

인간도 피조물에 속하기에 프란치스코가 피조물을 묘사하는 글 속에서 인간에 대한 중요한 요소들을 포함하고 있는 것은 사실이다. 그러나 프란치스코의 인간에 대한 직접적인 묘사는 피조물에 대한 묘사보다 훨씬 더 복잡하다. 인간에 대한 프란치스코의 서술 중 가장 대표적인 글이 「권고」 5번인데, 여기서 프란치스코는 우선 우리 인간을 하느님의 모상이자 비슷한 존재로 칭찬하고 감탄하지만, 이어지는 문장에서는 "우리 인간이 완전히 부패하고 타락한 존

---

74 Delio, 『A Franciscan View of Creation』, 19.

재"⁷⁵라는 강한 인상을 남긴다. 즉, 프란치스코는 본래 인간은 하느님이 선물하는 그 영광에 참여하도록 계획되었지만, 우리 인간 자신의 잘못을 통하여 몰락에 이르렀다고 보는 것이다.⁷⁶ 이에 관하여 프란치스코는 「권고」 2에서 다음과 같이 말한다.

> 그런데 자기 의지를 자기의 것으로 삼고, 자기 안에서 주님께서 말씀하시고 이루시는 선을 자랑하는 바로 그 사람은 선을 알게 하는 나무에서 열매를 따 먹는 것입니다. **결국, 악마의 꾐에 빠져** 계명을 거슬렀기 때문에, 먹은 것이 그에게 악을 알게 하는 열매가 되어 버렸습니다.⁷⁷

따라서 프란치스코는 우리 인간들이 하느님이 본래 계획하신 그 영광에 돌아갈 수 있도록 '가난과 겸손'이라는 두 개의 간단한 단어로 요약되는 영적 쇄신 프로그램을 제공한다.⁷⁸

---

75 Thaddée Matura, 『Francis of Assisi: The Message in His Writings』, trans. Paul Barret, ed. Roberta A. McKelvie and Daria Mitchell, New York: Franciscan Institute Publication, 2004, 169.

76 Matura, 『Francis of Assisi』, 169.

77 아씨시의 프란치스코, 「권고들」, 2, 3, 272.

78 Matura, 『Francis of Assisi』, 169.

보나벤투라

보나벤투라는 이 세상의 모든 피조물이 삼위일체 하느님의 내재적인 역동에서 발산되었다고 가르친다. 이와 같은 하느님과 피조물의 본성을 보나벤투라는 다음과 같이 설명한다. "하느님은 가장 높으신 선이기에, 자기 자신을 나누고자 하고, 또한 많은 것들을 창조한다."[79] 보나벤투라는 하느님이 이 세상을 꼭 창조해야 할 필요성이나 이유가 없었다고 말한다. 그러나 하느님은 당신의 영광을 드러내기 위하여, 또한 창조된 피조물을 바로 그 영광에 참여시키기 위하여 세상을 창조한다.[80] 따라서 이 물적 영적 세상이 존재하는 이유는 하느님의 영광을 보고, 찾고, 바로 그 영광에 참여하기 위함이다.

하느님은 또한 당신의 거룩한 말씀(Word)을 통하여 이 세상을 창조하였다.[81] 따라서 전체 피조계는 "내재적인 하느님의 말씀이 하느님 외부로 표현된 외적인 언어 체계"[82]로 이해되어야 한다. 즉, 피조물은 외적이고 유한한 형태로 내재적이고 무한한 하느님에 관하여 말하는 '하느님의 책'인 것이다. 일리아 델리오ILIA DELIO가 서술하듯이, "하느님은 피조물 안에서 자신을 표현하고, 따라서 피조물은 창

---

79 재인용: Thomas A. Shanon, 「Generosity in Action」, 131 [Bonaventure, 『Commentary on II Sentences』, I, 2, I, I, resp].
80 Hayes, 「Bonaventure: Mystery of the Triune God」, 64.
81 Hayes, 「Bonaventure: Mystery of the Triune God」, 73-74.
82 Hayes, 「Bonaventure: Mystery of the Triune God」, 74.

조주를 표현한다."⁸³ 창조주를 반사하는 책인 피조물은 또한, 자취, 모상, 유사함이라는 각각 다른 세 가지 단계로 삼위일체 하느님의 모습을 담지 하고 있다.⁸⁴

그러나 보나벤투라는 여기서 한발 더 나아가 더욱더 성사적인 피조물 이론을 전개한다. 즉, 하느님은 당신의 본질과 능력과 현존으로서 피조물 안에 존재한다고 가르치며,⁸⁵ 따라서 피조물은 우리의 지상 여정, 즉 하느님과의 유사함으로 나아가는 우리의 여정 중에 우리가 하느님에게 오를 수 있는 사다리로서 해석된다.⁸⁶ 바로 이렇게 전체 물질 피조계는 "인간으로 하여금 하느님의 창조 활동의 목적을 깨닫게 하면서,"⁸⁷ 우리 인간 여정에 기여하고 봉사하는 존재로 서 있는 것이다.

보나벤투라에 의하면 인간은 각각 다른 세 가지 능력, 즉 기억, 지성, 의지라는 능력을 가지고 있고, 이 능력들로서 다른 피조물들과 차별화된다. 인간은 기억이라는 능력을 통하여 "영원의 모상"⁸⁸이 되는데, 이는 우리 인간이 기억이라는 능력을 통하여 과거와 현

83　Delio, 『A Franciscan View of Creation』, 22.
84　재인용: Ilia Delio, Keith Dougalss Warner, and Pamela Wood, 『Care for Creation: a Franciscan Spirituality of the Earth』, Cincinnati, St. Anthony Messenger Press, 2007, 44 [Bonaventure, 『Breviloquium』, 2.12 (V, 230)].
85　보나벤투라, 「하느님께 나아가는 정신의 여정」, 2, 1, 25.
86　보나벤투라, 「하느님께 나아가는 정신의 여정」, 1, 2, 17-18.
87　Hayes, 「Bonaventure: Mystery of the Triune God」, 68.
88　보나벤투라, 「하느님께 나아가는 정신의 여정」, 3, 2, 35.

재와 미래를 연결할 수 있기 때문이다. 우리의 지성적인 경험은 인간의 지성이 '영원한 진리'이신 하느님으로부터 빛을 받고 있음을 증명한다. 만약 그렇지 않다면 우리가 보는 모든 것들 안에서 진리를 발견하고 이해하는 것 자체가 불가능하게 될 것이다. 이에 관하여 보나벤투라는 다음과 같이 말한다.

> 실제로 우리 지성이 그 어떤 부족함도 없는 존재에 대한 개념이 조금이라도 없다면, 어떻게 부족하고 불완전한 존재를 알 수 있겠는가? …그러나 우리의 정신은 그 자체로 변화 가능하기 때문에, 불변적으로 그 광선을 퍼붓는 빛을 통하지 않고서는 그 불변적인 진리를 볼 수 없고, 또 그것은 변화되는 피조물일 수 없다고 말할 수 있다. 지성은 따라서 '이 세상에 와서 모든 사람을 비추는 저 빛 안에서, 그분이 참된 빛이며, 처음부터 하느님과 함께 계시는 말씀'(요한 1,1-9 참조)이라는 것을 인식한다.[89]

또한, 인간은 무엇인가를 선택할 힘을 지니고 있으며, 이 힘은 궁극적으로 지극히 높은 선으로 우리 인간을 인도한다. 즉, 인간의 갈망은 늘 행복을 추구하게끔 정향 되어 있는데, 보나벤투라는 이러한 행복의 끝이 결국 지극히 높으신 선과의 유사함에 이르는 것이

---

89 보나벤투라, 「하느님께 나아가는 정신의 여정」, 3, 3, 37.

라고 정의한다.[90]

인간은 다른 피조물이 가지지 않은 이와 같은 영적인 능력들을 갖추고 있기에, 이 세상에서 하느님의 영광에 참여할 수 있는 존재들로 묘사된다.[91] 다른 피조물은 하느님의 영광과 의지를 볼 수 없고, 따라서 거기에 능동적이고 자발적으로 참여할 수도 없다. 따라서 그 피조물에게 사랑의 목소리를 전달하고 그들의 의미를 더욱더 충만하게 차오르게 하는 것 역시 우리 인간의 몫이라 하겠다. 만약 우리가 그렇게 하지 않는다면 모든 피조물은 하느님이 내서 주신 자신의 존엄성과 의미가 짓밟히는 상황 속에서도 마치 벙어리처럼 아무 말 없이 남아있고 말 것이다. 바로 이러한 맥락에서 전체 피조계의 운명은 인간의 자각과 사랑에 달려 있다고 말할 수 있다.[92] 따라서 "이 세상은 인간의 여정 안에서, 그리고 인간의 여정을 통하여 하느님에게 돌아간다"[93]고 이야기할 수 있다.

또한, 보나벤투라는 인간의 삶을 하느님에게 돌아가는 여정으로 묘사한다. 이러한 완벽함을 향한 인간의 여정 안에서 가장 중요한 역할을 하는 덕목은 바로 예수 그리스도의 지상 여정, 즉 육화와 십자가 안에서 구체화된 '가난'과 '겸손'이다.[94] 예수 그리스도의 가난

---

90 보나벤투라, 「하느님께 나아가는 정신의 여정」, 3, 4, 38-39.
91 Hayes, 「Bonaventure: Mystery of the Triune God」, 64-65.
92 Hayes, 「Bonaventure: Mystery of the Triune God」, 68.
93 Hayes, 「Bonaventure: Mystery of the Triune God」, 80.
94 Zachary Hayes, 『The Hidden Center: Spirituality and Speculative Christology in St. Bonaventure』, New York, The Franciscan Institute, 1992, 36-37.

이 십자가상에서 극명하게 구체화 되었듯이, 가난이라는 가치는 단순한 영적 수행이나 내적 덕목에 머무르지 않고, 실제적인 물질적인 가난의 삶도 포함한다. 이렇게 가난과 겸손으로 특징되는 예수 그리스도의 삶은 그리스도인 삶의 완벽한 모델로서 제시된다.[95]

요한 둔스 스코투스

요한 둔스 스코투스(1266-1308)의 피조물 관과 인간관을 더욱더 완벽하게 이해하기 위해서는, 먼저 그가 가르치는 '그리스도의 우선성'이라는 신학적 개념을 이해할 필요가 있겠다.

스코투스는 그리스도에 대한 신학적 주제들을 논함에서 당대의 다른 신학자들과는 달리 그리스도의 육화라는 실제적인 체계로부터 시작하여,[96] "하느님은 그 무엇보다도 먼저 그리스도를 온 우주의 왕이자 중심으로 의도하였다."[97]는 결론에 이르게 된다. 즉 스코투스의 신학에 따르면 하느님은 이 세상 창조 이전에 이미 그리스도의 육화를 예정하였다는 것이다. 그렇다면 그리스도의 육화는 인간의 원죄 이전에 이미 계획되고 예정된 것이라는 뜻이다. 예나 지금이나 대다수 신자와 학자들은 하느님의 자기 계시를 따라 이 세

---

95 Hayes, 『The Hidden Center』, 36-37.
96 Allan Bernard Wolter, 「Duns Scotus on the Predestination of Christ」, 『The Cord』 5 (1955): 368.
97 Wolter, 「Duns Scotus on the Predestination of Christ」, 366.

상 창조가 먼저 이루어졌고,[98] 그 이후 원죄로 타락한 인간을 구원하기 위한 그리스도의 육화가 계획되었다고 보는 시각이 많다. 즉, 세상 창조 - 인간 타락 - 원죄에 빠진 인간 구원을 위한 그리스도의 육화라는 도식으로 구원 과정을 인식하는 것이다. 그러나 스코투스는 그 모든 거룩한 활동 이전에 그리스도가 가장 먼저 예정되었으며, 따라서 그리스도의 육화는 하느님의 전체 구원 계획의 가장 중요한 한 부분이라고 가르친다. 즉, 이 세상의 창조는 그리스도의 육화와는 별개로 독립적으로 이루어진 하느님 활동이 아니라, 그리스도의 육화라는 "하느님의 선함을 더 충만하게 드러내 보이기 위한 서곡 혹은 그 시작에 불과하다는 것이다."[99]

이러한 그리스도의 우선성에 대한 가르침으로부터 아래와 같은 몇 가지 매우 중요한 신학적-영성적 개념이 도출된다. 첫째, 이 이론은 "그리스도의 육화 목적이 인간 구원에 있다는 사유를 거부한다."[100] 그리스도는 그 무엇보다도 먼저 온 우주의 왕으로 의도되었고, 그리고 나서 부차적으로 원죄로 타락한 인간성을 구원하도록 계획된 것이다. 스코투스가 사용하는 논리와 원리에 따르면, 하느님은 먼저 그리스도의 영혼을 영광으로 예정하였고, 그 후 그리스도의 인간 본성이 제2격 하느님인 말씀과 결합하도록 하였으며, 그리

---

98 Mary Beth Ingham, 『Scotus for Dunces: An Introduction to the Subtle Doctor』, New York, Franciscan Institute Publication, 2003, 74.
99 Ingham, 75.
100 Wolter, 「Duns Scotus on the Predestination of Christ」, 366.

고 다른 피조물도 이 영광에 참여할 수 있도록 계획하였다. 하느님은 이러한 예정들 이후에 비로소 아담의 타락을 예견하고 그에 따른 구원 계획을 마련한다. 스코투스가 사용하는 일반적인 논리에 의하면 언제나 목적이 수단보다 먼저 정해지고, 더 큰 선이 더 작은 선보다 먼저 정해진다. 따라서 그리스도의 인간 본성에 대한 우선적 예정이 결코 아담의 원죄에 종속될 수 없다. 만약 그렇게 된다면 언제나 더 큰 선이 더 작은 선보다 먼저 정해진다는 원칙을 파괴하기 때문이다.[101] 또한, 만약 그리스도의 육화 목적이 타락한 인간 구원에 있다고 말한다면, 결국 이 세상 안에서 그리스도의 육화, 지상 삶, 죽음, 부활이라는 하느님의 지극히 높은 현존과 활동이 이루어지기 위해서는 인간의 죄가 필수적으로 요청된다는[102] 해괴한 결론에 이르게 된다. 이러한 사유는 결국 하느님의 무한한 자유를 제한할 뿐이다. 하느님은 '인간의 죄와는 무관하게' 당신의 영광이 그리스도와 그리스도의 인간 본성 안에서 드러나기를 갈망한다.[103] 따라서 우리가 살아가는 온 우주는 '죄-중심적'이 아니라 '그리스도-중심적'이라 말할 수 있다.[104]

스코투스의 그리스도의 우선성에 대한 가르침에서 도출되는 두

---

101 Richard Cross, 『Duns Scotus: Great Medieval Thinkers』, New York, Oxford University Press, 1999, 128-129.

102 Ingham, 76.

103 Ingham, 76.

104 Wolter, 「Duns Scotus on the Predestination of Christ」, 366.

번째로 중요한 개념은 바로 우리 인간 본성에 관한 것이다. 하느님이 가장 먼저 의도하고 예정한 것은 다름 아닌 그리스도이고, 말씀이신 하느님과 완전히 결합한 예수 그리스도의 인간 본성이다.[105] 다른 말로 하자면, 모든 피조물 중에 가장 먼저 계획되고 정해신 피조물은 다름 아닌 예수 그리스도의 인간성이다. 그리고 "바로 이 예수의 인간 본성이 다른 모든 피조물 안에서 그리고 그 위에서 중심이 된다."[106] 이러한 예수의 인간 본성이야말로 우리 인간의 비밀과 존엄성, 그리고 이 세상 안에서의 인간 역할에 대한 봉인을 풀 수 있는 열쇠라 할 수 있다. 요한네스 프라이어JOHANNES FREYER가 서술하듯이, 우리 인간은 우리의 가장 높은 존엄성과 고귀함을 "위격적 결합 안에서 거룩한 본성(제2위 하느님)과 결합한 인간 본성"[107]에서 찾을 수 있다. 이 결합은 인간이 지닌 가능성의 가장 완벽한 실현이라 할 수 있다. 그리고 이 완벽한 실현은 바로 예수 그리스도의 인간성 안에서 하느님의 권능을 통하여 이루어졌다. 이러한 신학적 성찰은 우리 인간 본성이 그 자체로 심원한 존엄성을 지니고 있음을 증명하는데, 왜냐하면, 우리 인간 본성이 바로 예수 그리스도의 인간 본성

---

105 Seamus Mulholland, 『Duns Scouts as a Basis for a Franciscan Environmental Theology』, 1, http://en.calameo.com/read/00057074720a660f28fd4 (accessed December 25, 2015).

106 Mulholland, 1.

107 Johannes Freyer, 「The Theology of Duns Scotus」, 『A Pilgrimage Through the Franciscan Intellectual Tradition』, eds. André Cirino and Josef Rascal, Canterbury, U.K, Franciscan International Study Centre, 2008, 156.

을 그대로 닮아있기 때문이다. 더 나아가 예수 그리스도의 인간성을 빼닮은 우리 인간은 예수 그리스도의 모범을 따라 하느님의 선함과 의지를 기꺼이 선택할 수 있는, 그렇게 더욱더 높은 영적인 단계로 나아갈 가능성이 있는 존재임을 드러낸다.

또 다른 중요한 개념은 피조물에 관한 것이다. 하느님은 다른 모든 피조물들에 앞서 예수 그리스도의 인간성을 정한다. 그리고 이 예수 그리스도의 인간성이 전체 피조계를 창조하는 주제(MOTIF), 패턴PATTERN, 혹은 청사진이 된다.[108] 즉, 예수 그리스도의 인간성이 각각의 피조물의 본성과 전체 피조물계를 설계하는 디자인 원형이 된 것이다. 프란치스코도 권고 5번에서 같은 통찰을 보여주고 있다. "오, 사람이여, 주 하느님께서 육신으로는 사랑하시는 당신 아들의 모습대로, 그리고 영으로는 당신과 비슷하게 그대를 창조하시고 지어내셨으니, 주 하느님께서 그대를 얼마나 높이셨는지 깊이 생각해 보십시오."[109] 즉, 프란치스코 역시 "하느님이 이미 우리의 첫 번째 부모를 창조할 때부터 육화한 아들의 모상대로 창조했음"[110]을 분명히 하는 것이다. 우리가 당신 아들의 모습대로 지어졌다는 이야기는 곧 아담과 이브도 예수 그리스도의 모습을 따라 지어졌다는 것

---

108 Allan Bernard Wolter, 「John Duns Scotus on the Primacy and Personality of Christ」, 『Franciscan Christology: Selected Texts, Translations, and Introductory Essays』, ed. Damian McElrath, New York, Franciscan Institute of St. Bonaventure University, 1980, 141.
109 아씨시의 프란치스코, 「권고들」, 5, 1, 272.
110 Ingham, 75.

이고, 이는 곧 예수 그리스도의 인간성이 다른 모든 피조물보다 먼저 정해졌으며, 이 세상 다른 모든 피조물 역시 우리 인간들처럼 예수 그리스도의 인간성이라는 패턴과 청사진에 따라 창조되었음을 드러낸다. 이에 알란 월터ALLAN WOLTER는 "온 우주가 그리스도로 가득 차 있다"[111]라고 선포한다.

우리의 사회 경제 참여에 근간을 제공하는 스코투스의 신학적 개념 중 또 다른 하나의 중요한 개념은 헥체이타스HAECCEITAS이다. 헥체이타스HAECCEITAS는 '개별화의 원리' 혹은 '바로 이것임' 등으로 번역될 수 있다. 이러한 "개별화의 원리는 그 어떤 개별자에게 있어서나 그 존재 자체에 반드시 고유한 본질적인 것이고, 독특하며, 적합하다." 따라서 헥체이타스HAECCEITAS는 "각 개별자를 바로 그 개별자로 만들며, 비교 가능한 다른 것들로부터 완전히 구별시킨다."[112]

조금 더 쉽게 설명하자면 다음과 같이 이야기할 수 있겠다. 각각의 개별 피조물은 각자 만의, 그리고 그에게만 속한 '개별 원리'를 가지고 있다. 예를 들어, 나는 나에게만 속한 '그 무엇인가'를 가지고 있고, 이것이 나를 진정한 나로 만들며, 바로 이것으로 나는 나와 비슷한 다른 사람들과 구분된다. 그리고 나에게만 속한 이것은 이 세상 다른 어떤 사람이나 피조물에서도 찾아볼 수 없는 나에게만 속한 독특한 것이다. 그리고 이것은 반복되거나 복사될 수 없는 오

---

111 Wolter, 「Duns Scotus on the Predestination of Christ」, 366.
112 Ingham, 52.

로지 나의 본질에 속한 원리이고, "오직 하느님에게만 온전히 알려져 있다."[113]

스코투스 당시의 많은 학자는 개별자의 개별화가 양, 질료 등 본질적이지 않은 개념에 기반을 두고 있다고 보았지만, 스코투스는 그러한 사유를 거부하고 "개별화는 어떤 개별 피조물이나 사람의 우연적인 부분에 근거 해서는 안 되고, 반드시 각 개별자의 본질 그 자체에 근거해야 한다"[114]고 주장한다. 그리고 이 이론을 앞서 살펴본 '그리스도의 중심성' 이론과 결부시켜 보면, 피조물의 의미를 더욱더 값지게 하는 의미 있는 결과가 나온다. 앞서 논하였듯이, 모든 피조물은 예수 그리스도라는 청사진을 따라 창조되었다. 따라서 모든 피조물은 어떤 의미에서 자신의 존재와 삶을 통하여 예수 그리스도를 행하고 있다고 볼 수 있다. 이것은 모든 생명체가 지닌 생명 전달의 본성에서 바로 찾을 수 있다. 우리가 경험적으로 보고 듣고 알고 있듯이, 모든 피조물은 자신의 삶을 통하여 다른 피조물과 인간에게 자신의 생명을 내어주는 삶을 기꺼이 살고 있다. 그런데 각 피조물은 이러한 생명 전달의 삶을 바로 자신만의 '개별성' 혹은 '헥체이타스HAECCEITAS' 속에서 하고 있다. 즉, 자신에게만 주어진 바로 그 무엇인가를 자신에게만 주어진 방법으로 살고 행함으로써 예

---

113 Ingham, 54.
114 Kenan B. Osborn, 「Incarnation, Individuality and Diversity」, 『The Cord』, 45. 3 (1995), 25.

수 그리스도를 드러내고 있다. 바로 이런 맥락에서 볼 때 이 피조물 계에 존재하는 무의미하고 가치가 없는 것처럼 보이는 가장 작은 피조물들, 예를 들어 나뭇잎 혹은 한 알의 모래도 거룩한 의미로 가득 차게 된다.[115] 이에 관하여 일리아 델리오는 다음과 같이 간단하고 명확하게 이야기한다. "각각의 피조물은 무엇인가를 하고 있다. 그리고 그것이 하는 것은 다름 아닌 바로 자기 자신이다. 이렇게 자기 자신이 되는 것은 다름 아닌 그리스도를 행함이다."[116]

---

115 Delio, 『A Franciscan View of Creation』, 37-38.
116 Delio, 『A Franciscan View of Creation』, 38.

결론: 사회 경제적 함축

지금까지 논의한 프란치스칸 신학적 영성에 근거하여 다음과 같은 네 가지의 사회 경제적 함축을 제시할 수 있겠다.

첫째, 지극히 높으신 하느님이라는 개념으로부터 '그라투이타스 GRATUITAS'라는 인간의 세상과 하느님을 향한 합당한 태도가 제시될 수 있겠다. 라틴어 그라투이타스GRATUITAS는 사실 한국어로 번역하기가 매우 힘든 단어인데, 거칠게 옮기자면 '무상無償의 감사함'으로 번역될 수 있겠다. 2009년에 발간된 교황 회칙 『진리 안의 사랑』에서도 이 단어가 자주 사용되고 있는데, 한국어 번역본에서는 이 단어를 '무상성無償性'으로 번역하고 있다.[117] 이 표현을 이해하기 위해서는 약간의 신학적-영성적 설명이 필요한데, 요약해서 설명하자면 아래와 같다.

우리 인간은 하느님을 당신 자신을 완전히 내어 주시는 지극히 높으신 선으로 경험하고, 이 세상에 존재하는 모든 것을 하느님의 선물로서 체험하며, 우리의 지상 인생을 어떻게 살아야 하는지에 대해서 깨닫게 된다. 즉, 모든 것을 거저 받았으니, 감사하는 마음과

---

117 교황 베네딕토 16세, 『진리 안의 사랑』, 서울, 한국천주교중앙협의회, 2009.

행동으로 그 모든 것을 하느님에게 다시 무상으로 돌려드리는 인간의 태도가 곧 '그라투이타스GRATUITAS' 혹은 '무상의 감사함'인 것이다. 또한, 하느님이 하느님이기 위해서 반드시 이 세상이 필요한 것은 아니었고, 따라서 이 세상을 창조할 필요도 없었다. 그러나 지금 우리가 모두 체험하는 바와 같이 이 세상이 창조되었고, 그 위에 피조물이 창조되었으며, 인간도 창조되었다. 즉, 하느님은 우리 피조물이 당신에게 '필요해서' 창조한 것이 아니라, 우리를 '원해서' 우리를 '사랑해서' 당신의 무한한 '자유로움'으로 창조한 것이다.[118] 따라서 이 세상의 전체 피조계는 하느님의 사랑과 자유를 드러낸다. 왜냐하면, 전체 피조계의 존재 이유가 '필요'가 아닌 '사랑'이기 때문이다. 그러므로 존재하는 모든 것은 '선물'이다. 더 나아가서 하느님은 지금 이 순간에도 우리 우연한 피조물을 당신의 사랑과 자유로움으로 떠받치고 있다.[119] 만약 그렇지 않다면 우리는 모두 순식간에 사라지거나 무너지고 말 것이다. 왜냐하면, 우리가 존재하는 이유는 '필요'가 아니라 '사랑'이기 때문이다. 따라서 지금 무언가가 존재하고 있다면, 그 존재는 그 존재 자체로 하느님으로부터 사랑받고 있음을, 그 사랑으로부터 지탱되고 있음을 표현하고 있다. 우리 인간은 이 사랑과 자유 안에서 태어났으며, 이 사랑과 자유 안에서 지탱되며, 그 하느님의 사랑과 자유 안에서 해방되었음을 체험

118　Freyer, 「The Theology of Duns Scotus」, 154.
119　Ingham, 46.

하게 된다. 그러므로 우리 인간 모두는 "감사와 사랑의 응답으로 초대받는 것이다."[120] 바로 이러한 인간 편에서의 감사와 사랑의 응답이 바로 '그라투이타스GRATUITAS' 혹은 '무상의 감사함'이라고 설명할 수 있다.

이렇게 이 세상의 모든 피조물과 모든 사람은 하느님의 선함에서 흘러나온 선물이며, 따라서 "우리 인간은 다른 모든 피조물 안에서 그리고 그들과 함께 자유롭게 해방된 존재임을 깨닫게 된다."[121] 특히 인간은 이런 우리 모든 피조물의 상태를 알아볼 수 있는 능력을 갖추고 있다. 따라서 '무상의 감사함'은 우리 인간의 하느님과 세상에 대한 올바르고 사랑스러운 응답이 되는 것이다. 더 나아가서 우리는 이러한 우리의 의무를 더욱더 효과적이고 가시적인 방법, 예를 들어 '연대'와 '나눔' 등의 구체적인 방법으로 실행해야 한다. 바로 이러한 우리의 실천을 통하여 모든 피조물에게 무상으로 당신의 생명을 전달하는 지극히 높으신 선이신 하느님에게 응답해야 한다. 바로 이런 맥락에서 토마스 섀넌(THOMAS A. SHANNON)은 우리 인간의 무상의 감사의 구체적인 방안으로서 "행동하는 감사(관용/GENEROSITY IN ACTION)"[122]를 제안한다. 사실 무상의 감사를 이 세상 안에서 구체적으

---

120 Osborne, 「The Development of the Spiritual Vision of Francis and Clare into a Major Spiritual and Theological Tradition」, 86.

121 Johannes B. Freyer, 「Bonaventure's Anthropology and Ecclesiology as a Universal Approach towards a Vision of a Globalized World」, 『Spirit and Life』 16 (2011), 141.

122 Thomas A. Shannon, 「Generosity in Action」, 『The Franciscan Moral Vi-

로 살아간다는 것은 곧 사회적인 의미를 지닐 수밖에 없다. 왜냐하면, 그것은 곧 하느님의 무한한 사랑과 선을 우리의 삶의 태도와 행동으로 이 세상 안에서 증거 하는 것이고, 이것은 필연적으로 공동체와 사회를 '변화시키는 역동'으로 드러나기 때문이다.[123] 따라서 많은 부분 왜곡된 현대 시대에서 우리 인간의 의무인 무상의 감사는 우리 사회로부터 배제되고 소외된 가난한 이들을 위한 실천에서부터 먼저 시작되어야 할 것이다.

둘째, 프란치스칸 전통이 계속해서 강조했듯이, 우리 인간과 피조물의 성사성聖事性이 더 생동감 있게 구현되어야 한다. 모든 피조물은 그 근원, 본성, 독특함에서 성사적이다. 따라서 우리 인간은 이 신비를 보고 관상하도록 초대받고 있으며, 더 나아가 모든 피조물 안에 새겨진 천부적인 의미를 보호하도록 초대받고 있다. 또한, 스코투스의 '그리스도의 중심성' 이론은 우리를 이 세상에 가득 찬 그리스도를 발견하도록 우리의 눈을 띄운다. 더불어 모든 피조물은 각자의 고유함과 독특함(HAECCEITAS)을 지니고 있다. 모든 피조물은 각자의 독특함과 고유함을 통하여 이 세상 여정 안에서 우리는 오롯이 파악할 수 없는 신비로운 방법으로 예수 그리스도의 삶과 유사한 생명을 건네주는 삶을 살고 있다. 모든 피조물이 담지하고 있는 이 존엄성과 고유함(HAECCEITAS)은 우리 인간에게 온 세상을 성사화 하

---

sion: Responding to God's Love』, ed. Thomas A. Nairn, New York, Franciscan Institute Publications, 2013, 132.
123 Shannon, 159.

도록 초대하고 있다. 이 세상의 성사적 의미와 존엄성에 대한 발견과 관상은 전적으로 우리 인간들의 몫일 수밖에 없으며, 따라서 온 세상이 다시 본래의 성사적인 상태로 복원될 수 있도록 실천에 옮기는 삶을 살아야 한다. 이에 관하여 헬만 샬뤽Hermann Schalück은 다음과 같이 적절히 묘사한다. "모든 것의 중심이신 그리스도와 일치하는 그리스도인의 삶은 반드시 온 우주를 성사화 하는 데 일조해야만 한다."[124]

셋째, '완벽한 가난으로 표현된 하느님'이라는 프란치스칸적 하느님 관은 프란치스칸의 자발적 가난과 그 삶의 프로그램이 인간 삶의 중요한 원리임을 확인한다. 삼위일체 하느님의 신비는 완벽한 가난으로 표현되었고, 따라서 이 지상에서의 자발적 가난의 삶 역시 우리 모두를 위한 하느님 사랑의 충만한 원천을 표현하는 길이 되는 것이다.[125] 따라서 자발적 가난은 이 세상 안에서 하느님의 사랑과 선을 표현하는 인간 삶의 중요한 원리가 된다. 더 나아가 이러한 프란치스칸 자발적 가난은 우리가 이 세상과 사회 안에서 다른 모든 인간과 피조물을 대하는 구체적인 사회 경제적인 태도로 체계화될 수 있을 것이다. 죠셉 키니치Joseph Chinnici는 자발적 가난이라는 삶의 원리와 태도가 "현시대의 주류 체계에서 탈피하여, 훨씬 더

124　Hermann Schalück, 「The Relevance of Duns Scotus」, 『A Pilgrimage Through the Franciscan Intellectual Tradition』, ed. Andre Cirino and Josef Rascal, Canterbury, U.K, Franciscan International Study Centre, 2008, 208.
125　Shannon, 135.

긍정적인 사회관계 체계를 보여준다"[126]고 논한다. 데이비드 플러드는 이러한 영적이고도 실제적인 자발적인 가난의 실행은 모든 이와의 사회 경제적 관계에서 새로운 원칙, 즉 프란치스코와 초기 형제들이 수립했던 '모든 이에게 순종'[127]이라는 사회 경제적 원칙을 이끌어 내고, 따라서 더욱더 형제적이고, 포용적이며, 지속 가능한 새로운 사회적 관계망을 건설하게 된다고 논한다. 모든 관계 안에서 모든 이에게 순종한다는 삶의 원칙은 보다 더 형제적인 사회를 추구하는 하나의 대안적 사회 경제 방안을 만들어간다는 것과 같은 말이다. 더 나아가, 이후의 중세 프란치스칸들의 실천과 모범이 잘 보여주듯이, 시장 경제 체계 안에서의 자발적 가난의 구체적인 실행은 우리 공동체에 속한 구성원들의 물질적 부富를 순환할 수 있게 하고, 이러한 재화의 순환은 우리 공동체의 사회 경제적 맥락에서 배제되었던 이들이 다시 그 관계 안으로 포함될 수 있도록 작용하며, 결과적으로 이 모든 것은 우리 인간 사회를 더 풍부하게 하는 결과로 나타난다.[128] 이미 앞서 살펴봤던 바와 같이, 프란치스칸 전통은 이 가난의 실천이 우리 인간의 여정을 '완벽하게' 한다고 강조해 왔다. 가난은 실로 "이 세상을 치유하는 관계의 기초"[129]를 이루

---

126 Chinnici, 232.
127 David Flood, 「Franciscans at Work」, 『Franciscan Studies』 59 (2001), 33; 아씨시의 프란치스코, 「유언」, 19, 293.
128 이 내용에 대해서는 제2장에서 보다 자세하게 다룰 것이다.
129 Hayes, 『The Hidden Center』, 39.

는 태도라 할 수 있겠다.

　마지막으로 이 세상에서의 인간의 특별한 책임이 강조되어야 하겠다. 보나벤투라가 가르치듯이, 우리 인간은 하느님의 '흔적'과 '모상'으로 창조되었으며, 더 나아가 하느님과의 '유사함'에 이르는 여정을 걷도록 초대받고 있다. 이러한 하느님과의 유사함에 이르는 여정은 하느님 사랑의 현존에 대한 우리의 응답을 통해서 이루어진다.[130] 스코투스 또한 우리 인간성의 존엄성과 고귀함은 곧 예수 그리스도의 인간성에서 기인하므로, 우리 인간 모두 하느님의 영을 담지 할 수 있고, 더 나아가 하느님의 뜻과 사랑에 응답하는 행동을 할 수 있다고 가르친다. 이렇게 인간은 이 세상 안에서 하느님을 찾고 읽을 가능성이 충만한 존재이며, 또한 존재하는 모든 피조물과 함께 하느님의 사랑에 응답할 의무가 있는 존재이다. 따라서 하느님과의 유사함으로 나아가는 인간의 여정은 결코 지극히 개인적이거나 영적인 여정일 수만은 없다. 오히려 이 여정은 다른 이들과 모든 피조물의 운명을 함께 끌어안고 함께 가는 여정이다. 왜냐하면, 이 세상 전체가 우리 인간의 여정 안에서 그리고 그 여정을 통하여 하느님에게 돌아가기 때문이다. 하느님의 선을 이 세상에 실현한다는 것은 곧 모든 인간과 피조물이 하느님의 선함으로 양육되는 보다 더 형제적이고 지속 가능한 사회를 건설한다는 것과 같은 말이다.

130　Hayes, 「Bonaventure: Mystery of the Triune God」, 99.

더 나아가, 보나벤투라와 스코투스에게 있어서 그리스도의 구원 업적은 죄의 극복만을 의미하는 것이 아니라 하느님의 창조 사업을 '완성'으로 이끄는 것으로 이해되었다. 이러한 '완성'으로서의 구원은 '죄의 극복'이라는 관점보다는 '사랑의 우선성'을 강조하는 것이라 할 수 있다. 즉, 우리 인간의 구원이라는 것이 '무엇인가로부터 구해진 상태'라기보다는 '하느님 창조 업적의 총체를 위하여 온전하게 만들어진 상태,' 즉, '완성'의 관점에서 보는 것이다.[131] 그렇다면 하느님과의 유사함으로 나아가는 인간의 여정은 다른 모든 인간과 피조물을 이 세상 안에서도 평화로운 '완성' 안으로 끌어안는 여정이기도 하다. 이에 관하여 재커리 해이스는 다음과 같이 말한다.

> 완성은 곧 피조물 전체를 하느님이 의도한 목적으로, 즉 그리스도의 운명 안에서 이미 예견된 하느님이 의도한 그 목적으로 인도하는 과정을 의미한다. 구원이란 이 여정 안에 서 있는 다른 장애물들을 다루는 필요한 과정을 뜻한다.[132]

중세 프란치스칸 학자들과 스승들은 지금까지 살펴보았던 프란치스칸 전통과 영성에 근거하여 세상과 사회에 대한 영성적-윤리적

131　Ilia Delio, 「Revisiting the Franciscan Doctrine of Christ」, 『Theological Studies』 64 (2003), 18.
132　Zachary Hayes, 「Christ, Word of God and Exemplar of Humanity」, 『The Cord』 46.1 (1996), 16.

가르침뿐만 아니라 당대의 사회 경제 문제들의 여러 가지 주제들을 직접 다루고, 더 나아가 실질적인 사회 경제적 적용 및 해법을 제공하기에 이른다. 다음 장에서는 중세 후기의 사회 경제적 주제들과 문제들을 간략하게 분석하고, 그에 대한 프란치스칸들의 응답을 살펴보도록 하겠다.

✧

| 제2장 |

중세 시장 경제 사회를 위한 프란치스칸들의 가르침과 실천

❖

　프란치스칸 운동이 태어난 시기는 일반적으로 '고중세 시대(HIGH MIDDLE AGES)' 혹은 '상업 혁명 시대'로 불린다. 이 기간에 서유럽과 중유럽은 이전과는 전혀 다른 사회 경제적 발전 과정을 경험하고, 당대의 사람들과 사회는 이전에 겪지 못한 새로운 사회 경제 현상으로 인해서 수혜를 입기도 하고 동시에 고통을 겪기도 하였다. 당시 교회와 사회 모두 그들이 겪고 있던 새로운 문제들에 질문을 제기하고 적합한 해법을 찾아가며 이 새로움에 적응해야만 했다. 프란치스칸들도 역시 이러한 변화와 발전의 한 중간에 서 있었으며, 프란치스칸 전통과 영성에 기초하여 당대의 사회 경제적 주제와 문제들에 응답하기 시작하였다.

　따라서 제2장에서는 중세 시대의 경제적 주제와 문제들을 짚어보고, 그에 관한 프란치스칸 응답을 다루고자 한다. 우선 중세 시대의 사회 경제적 주제들과 문제들을 차례차례 살펴본 후, 더욱더 지속 가능하고, 포용적이며, 형제적인 사회를 건설하고자 노력하였던 프란치스칸들의 노력을 자세히 다룰 것이다. 여기에서는 프란치스코, 요한 올리비, 둔스 스코투스, 시에나의 베르나르디노(BERNARDINE OF SIENA), 펠트레의 베르나르디노(BERNARDINE OF FELTRE)까지 두루 살펴보게 될 것이다. 그리고 마지막으로 짧게나마 제2장의 내용과 의의를 요약하는 결론이 제시될 것이다. 이처럼 제2장은 중세 프란치스칸들의 당대의 경제 사회에 대한 공헌을 구체적으로 제시함으로써, 현대를 살아가는 우리에게도 현대 경제 사회에 적용 가능한 영감과 씨앗을 제공할 것이라 믿는다.

중세 시대(11세기-15세기)의 경제 주제들과 문제들

상업 혁명과 도시의 발전

일반적으로 상업 혁명은 대략 1,000년 경부터 1,300년 경까지 지속하였다고 본다. 이 상업 혁명 시기 이전의 서유럽과 중유럽의 생활 방식은 주로 농경 문화에 기반을 둔 매우 단순하고 제한적인 생활 방식이었다. 대부분 인구는 농민들이 차지하고 있었고, 농촌 마을은 20~30개의 가정이 결속력 있게 결합하여 있는 형태였다.[133] 다른 마을과의 연락이나 소통은 거의 필요가 없었고, 상업적인 거래를 위한 잘 정비된 체계적인 시장도 필요하지 않았다. 당시 대부분의 사람은 여행도 거의 하지 않았으며, 따라서 낯선 이방인과 만나는 일도 드물었다.[134] 마을을 지배하던 봉건 지주들은 많은 수의 가족 구성원들로 이루어진 대가족을 구성하였다. 또한, 경제적으로 부유한 대수도원들도 마을을 지배하는 계층으로 간주하였다. 이 대수도원들도 역시 농노를 거느리며 커다란 수도원 농장을 운영하였

---

133 Monti, 2.
134 Lester K. Little, 『Religious Poverty and the Profit Economy in Medieval Europe』, Ithaca, NY, Cornell University Press, 1983, 21.

다.[135] 또한, 이 대수도원들은 지역의 귀족들과 부호들로부터 땅을 기증받기도 하였는데, 이때 기증된 땅 위에 있는 모든 것, 예를 들어 집, 동물, 농장 등에 대한 권리도 함께 기증받았다. 따라서 많은 대수도원들은 경제적인 풍요뿐만 아니라 실질적인 '지주'의 삶을 누리고 있었다.

그러나 1,000년 경에 시작된 상업 혁명은 유럽 사회에 커다란 사회 경제적 변화를 가져왔다. 이 시기 유럽은 외부 세력으로부터 비교적 안정된 시기를 지내게 된다. 즉, 이전에 그들을 끈질기게 괴롭혀 오던 바이킹이나 이슬람 등의 세력으로부터 잠시나마 안전하고 안정된 시기를 지내게 되고, 이는 농업 생산의 대폭적 향상이라는 결과로 나타났다.[136] 이러한 현상은 또한 당시에 새롭게 개발된 농경 기술과 결합하여 이전보다 훨씬 더 원활한 식량 공급을 가능하게 하였고, 농촌에는 인구가 넘쳐나기 시작했다. 이러한 사회 경제적 안정을 통하여 이전에는 흔하지 않았던 지역과 국가를 넘어서는 장거리 무역도 활기를 띠기 시작하였다.[137] 이렇게 "농업 혁명이 상업 혁명으로 진화하였던 것이었다."[138]

농업 발전과 그에 따른 상업 발전은 폭발적인 인구 증가를 이끌어 내었다. 이 시기의 인구 증가율은 이전 시기의 세 배에 달하였

---

135   Little, 20.
136   Cusato, 31.
137   Monti, 2.
138   Cusato, 17.

고,¹³⁹ 이러한 인구 증가는 농업 생산성과 농작물의 상업 거래를 더 강화하게 되었다. 나아가 이러한 농업과 상업의 진화와 인구의 증가는 도시의 급격한 발전으로 이어졌다. 새롭게 발전한 도시들은 상업과 산업의 중심지로서 역할을 하기 시작하였다. 이러한 상업 도시들에는 농민이 아닌 노동자, 장거리 무역 상인, 소매상, 법조인, 학교 교사, 엔터테이너 등으로 채워졌다.¹⁴⁰ 이들 중 가장 영향력 있고 부유한 사람들은 상인, 은행가, 기업가들이었다. 이들은 당시 새롭게 떠오르던 이익 경제 체계에 그 민금 빨리 적응한 계층이었고, 재력에 걸맞은 정치적 힘도 갖추어가고 있었다.¹⁴¹

새롭게 형성된 도시의 서민층은 이전의 봉건 마을 생활보다 더 많은 진취적인 기회들을 누릴 수 있었다. 그러나 당시 신흥 도시들은 '이윤 추구'라는 새로운 사회 경제 체계 아래 있었고, 따라서 도시에 속한 많은 이들에게 서로 간의 경쟁을 강요하였다. 이전의 봉건 시대에서는 구성원들 사이의 경쟁은 매우 드문 현상이었다.¹⁴² 또한, 빈곤에 내몰린 가난한 이들의 출현 역시 도시의 일반적인 특색 중 하나가 되었다.¹⁴³ 대부분의 도시 인구 중 약 10%는 매일의 삶을 구걸에 의지하는 비참한 삶을 살고 있었다. 또 다른 20%는 개

---

139 Little, 22.
140 Little, 23.
141 Little, 24.
142 Monti, 3.
143 Little, 28.

인의 재산을 전혀 소유하지 못한 채 매일 같이 일거리를 찾아야 했고, 따라서 불안정한 일당에 의지하는 가난한 삶을 감내해야만 했다.[144] 이전의 농경 봉건 생활 방식 아래에서는 대부분 사람들이 매우 강한 경제적 유대 아래 있을 수밖에 없었다. 대부분 사람들은 함께 상부상조하는 농경 체계 아래 있었고, 따라서 풍년이 들면 함께 흥하고, 흉년이 들면 함께 고통받는 생활을 했었기 때문이었다.[145] 그러나 새롭게 등장한 상업 도시에서의 생활은 이전과는 전혀 다른 사회 경제적 맥락을 제공하였다. 즉, 이전에는 누릴 수 없었던 자유와 더 좋은 기회가 제공되었지만, 이윤 중심의 시장 경제에서 비롯한 사회 경제적 불안정, 가난, 도시 빈민의 발생이 바로 그것이라 할 수 있다.

돈

위에서 언급한 상업적 발전은 상업 도시의 발전뿐만 아니라 '돈'이 다시 경제생활과 일반적인 시장 거래에 도입되는 계기를 마련하였다. 사실 상업 혁명 이전 시기에는 돈이 그다지 활발하게 유통되거나 사용되지 않았다.[146] 돈을 중심으로 한 활발한 시장 경제 체

---

144 Monti, 3.
145 Monti, 3.
146 Todeschini, 12.

계가 갖추어지지도 않았고 그럴 필요도 없었기 때문이었다. 그러나 상업 혁명으로 인하여 크고 작은 상업적 거래가 이전과는 비교할 수 없이 활발하게 이루어지게 되자, 물자와 서비스의 거래를 더 용이하게 하기 위하여 돈의 사용이 다시 본격화되었다.[147]

전통적으로 돈은 다음의 세 가지 관점으로 규정되었다. (1) 상품 거래 수단, (2) 가치 측정의 도구, (3) 재산 축적의 도구.[148] 첫 번째 관점은 둘이나 그 이상의 당사자들이 상업적 거래를 할 때 중간 매체로써 사용되던 돈의 특성을 드러내고, 두 번째 관점은 어느 한 물건이나 상품이 가지는 가치를 매기는 기능과 장부상의 회계 기능을 의미한다.[149] 세 번째 관점은 돈이 가진 또 다른 힘, 즉 물질적 재화를 작은 동전 안으로 압축하는 힘과 더불어 그 돈이 가지는 이동성을 의미한다. 이렇게 볼 때 돈은 상업 거래에서 없어서는 안 될 유용한 도구라 말할 수 있겠다. 또한, 돈은 어떤 신비한 힘, 즉 일상생활에 필요한 여러 물품의 가치를 표현하는 기능과[150] 실제로 자신 안에 일정 분량의 재산을 저장하고 보관할 수 있는 특별한 능력이 있는 것도 분명하다고 말할 수 있다.

그러나 일반적으로 중세 학자들은 돈은 거래의 수단일 뿐, 돈 자

---

147 Cusato, 18.

148 Cusato, 17-18.

149 Diana Wood, 『Medieval Economic Thought』, Cambridge, UK, Cambridge University Press, 2002, 77.

150 Todeschini, 13.

체로는 그 어떤 유용함이나 가치를 지니지 않는다고 보았다. 돈이 유용하기는 하였지만, 오직 다른 물건들의 가치를 매기는 한에서만 그러하였다. 따라서 돈의 올바른 사용은 어디까지나 거래의 도구로만 사용하는 것이었다. 이에 관하여 토마스 아퀴나스는 다음과 같이 서술한다. "돈의 주요하고도 적합한 사용은 통상적인 거래를 통하여 지출되고 사용될 때이다."[151] 돈은 또한 대체물(FUNGIBLE) 중 하나로 이해되었다. 대체물이란 음식이나 음료와 같이 사용 중에 소비되는 형태의 물품을 의미한다. 만약 이러한 대체물이 대여되는 경우, 다시 갚을 때는 똑같은 수량과 품질의 형태로 되돌려 주어야 했다. 돈 또한 대체물로 분류되었기에, 누군가 돈을 빌려 가는 경우에도, 똑같은 금액의 돈을 갚아야 했다. 여기서 중요한 점은 돈을 갚는 사람은 정확한 금액으로 돌려줄 의무가 있었지만, 빌려주는 사람은 그에게 그 어떤 이자나 웃돈을 요구할 수 없었고 정확히 빌려준 금액만 되받아야 했다는 점이다. 따라서 당시에는 현대와는 달리 대출된 돈에 이자가 조금이라도 붙으면 바로 고리대금업으로 분류되었다.[152] 분명히 돈에는 돈 만이 가지는 고유한 가치가 있었지만, 오직 거래의 수단으로만 사용되어야 했다. 돈 그 자체로부터 이익을 취하는 것은 받아들일 수 없는 행위였다.[153] 이러한 돈에 대한 이해,

---

151　재인용: Wood, 75 [Thomas Aquinas, 『Summa Theologiae』, 2a2ae, 78, art. 1, vol. 38, 235].
152　Wood, 75.
153　Wood, 84.

즉 돈은 그 자체로는 아무런 생산성이나 가치가 없고 사용 중 소비되는 대체물이라는 이해는 이후 몇 세기 동안 유럽을 지배하였다. 따라서 상업과 관련하여 고민할 수밖에 없던 문제들, 즉 이윤, 이자, 자본, 대출에 관한 토론과 논쟁이 계속해서 이어질 수밖에 없었다.

앞서 언급하였듯이 상업 혁명을 통하여 돈의 사용이 다시 활발하게 재개되었고, 이전 시기보다 훨씬 더 많은 수의 상업 거래가 현금으로 이루어지기 시작하였으며, "많은 시장과 상점에서 돈의 사용이 급격하게 증가하였다."[154] 더 많은 농전을 공납하기 위하여 더 많은 광산이 개발되고 채굴되었다. 또한, 대수도원들 안에 오랫동안 쌓여있었던 재산 역시 풀리기 시작하였고, 여기에서도 역시 돈이 중요한 역할을 하였다. 이에 관하여 레스터 리틀(LESTER K. LITTLE)은 다음과 같이 설명한다. "엄청난 부를 축적하였던 대수도원들은 11세기에 이르러 투자를 위한 자금 공급처 중 가장 선두의 역할을 하였다."[155] 심지어 이러한 대수도원들의 재정 관리자들은 귀족, 상인, 십자군들에게 돈을 대출해 주는 일에도 관여하였다.[156]

돈은 당시 사람들과 단체들의 사회적 행동의 많은 부분에 영향을 미쳤다. 수확된 곡물의 일정량의 곡물을 봉납하던 농민들도 점점 더 곡물이 아닌 현금으로 자신의 의무를 수행하였다. 교회 행정과 관련하여서도 거의 모든 활동이 돈과는 뗄 수 없는 관계에 놓이

---

154 Wood, 79.
155 Little, 15.
156 Little, 65.

게 되었고, 따라서 교회 역시 숙련된 재정 관리자들을 필요로 하게 되었다. 상업 도시에서 돈은 생활의 모든 면, 즉 거래, 교육, 사회 발전 등 모든 면에서 필수적인 것이 되었다.[157]

더 나아가 당대에 발전하던 상인들의 활동과 결합한 돈의 사용은 근대적인 은행 체계도 발전시켰다. 당시 상인들은 다양한 지역과 국가의 다양한 통화를 다루고 거래할 줄 알았으며, 주로 다른 사람들에게 자신의 돈을 예금하였다. 또한, 때때로 자신들의 예금을 보관하고 있는 사람들에게 초과 인출을 허락하는 신용 거래도 이루어졌다. 이렇게 상인들의 활동을 통해서 은행의 필수적인 기능들이 자리잡히기 시작하였다. 12세기와 13세기에 이르러 경제가 점점 더 전문화됨에 따라 상인 중 일부는 전문적인 전업 은행가로서 일하게 되었다.[158]

상인

중세 유럽의 상업 혁명 시대에는 이전의 농경 봉건 시기와는 비교할 수 없을 정도로 상업 거래, 교역, 장거리 무역이 활발해졌다. 따라서 상인들의 역할 또한 많이 증가하였고, 유럽 사회 역시 점점 더 상인들의 역할에 의존하게 되었다. 그러나 아리스토텔레스의 가

---

157   Little, 30-33.
158   Little, 17.

르침 아래 있던 중세 학자들은 상인과 그들의 역할에 대하여 대개 부정적인 시각을 가지고 있었다. 왜냐하면, 아리스토텔레스는 이윤을 추구하는 상업 활동을 자연스럽지 못한 것으로 보았기 때문이다. "그래서 아리스토텔레스는 그가 추구하던 이상적인 국가에서 상인을 금지하였다."[159] 또한, 많은 중세 사상가들이 상인의 정체성을 예수가 성전 상인들을 쫓아내는 장면을 묘사한 마태오 복음 21장에서 보았다. 따라서 그 어떤 그리스도인도 상인이 되어서는 안 된다고 가르쳤다. 왜냐하면, 상품을 사고파는 상행위 안에서는 악의적인 거짓말과 속임수는 당연한 것으로 여겨졌기 때문이었다.[160]

동시에 이와 전혀 반대되는 의견이 또 다른 교회 사상가들에 의해서 제기되기도 하였다. 예를 들어 성 아우구스티노는 그리스도를 "당신 자신을 팔아 인류의 구원을 산 천상적 상인"[161]으로 묘사하였다. 사실 상인들은 이미 주교, 대수도원장, 귀족들의 가장 중요하고도 필수적인 대리인들이었다. 상인들이 이들에게 필요한 상업적인 활동을 중간에서 대신해 주었기 때문이었다.[162] 예를 들어 주교나 수도원의 여러 용도의 재산 처분 및 구매, 혹은 가난한 이들을 위한 재산 환원 등에 있어서 상인들의 기능은 필수 불가결한 것이었다. 아우구스티노는 또한 상인들의 생계를 위한 이익을 다음과 같

---

159   Wood, 111.
160   Wood, 112.
161   Todeschini, 14.
162   Todeschini, 17.

이 정당화하였다. "상인은 장거리로 상품을 운반하기에 생계를 위한 수입을 취할 자격이 주어진다."[163] 첫 번째 프란치스칸 학자였던 헤일스의 알렉산더(ALEXANDER OF HALES)도 상인의 의도 자체가 도덕적이라면 많은 상거래 역시 도덕적으로 정당하다고 논하였다.[164] 토마스 아퀴나스 역시 국가를 위한 상인들의 유용함을 직시하고, 또한 상인의 의도가 도덕적으로 정당하다면 이익을 얻을 자격이 있다고 논하였다.[165]

상인에 대한 교회의 태도도 점차 변해 갔다. 1078년 로마 공의회는 상인들의 상거래 행위 안에서 죄를 범하지 않을 수 없다고 보았고, 따라서 상인들에게는 영원한 구원이 있을 수 없다고 단언하였다. 그러나 1199년 교황 인노첸시오 3세는 죽은 지 단 2년밖에 지나지 않은 '상인' 호모보누스HOMOBONUS를 시성하였다.[166] 이에 관하여 토데스키니는 다음과 같이 논한다. "이렇게 교황 인노첸시오 3세는 독실한 신자였을 뿐만 아니라 정치-사회적으로도 활발하게 활동하였던 한 상인을 제대 위로 올림으로써 새로운 세기의 시작을 알렸다."[167]

상인에 관하여 논할 때 가장 중요한 점은 바로 사회와 공동체에

---

163   Wood, 115.
164   Wood, 117.
165   Wood, 117.
166   Wood, 116.
167   Todeschini, 24.

이바지하는 상인들의 긍정적이고도 유용한 기능이었다. 상인들의 소명은 사회의 선을 위하여 재화와 돈의 순환을 활발하게 하는 데에 있었다. 따라서 재산을 축적하기만 하였던 고리대금 업자들은 사회의 선을 갉아먹는 공공의 적으로 이해되었다.[168] 상인들, 그리고 그들의 유용한 기능에 대한 일반적인 시각은 점차 긍정적으로 변해갔고, 상인들의 필요성과 중요성 역시 확인되고 인정되었다. 그러나 상인에 대한 교회의 전통적인 시각, 즉, "사고파는 상행위 안에서는 죄를 거의 피할 수 없다"[169]는 교회의 시각은 여전히 몇 세기 동안 지배적인 관점으로 역할을 하게 된다.

고리대금

앞서 살펴보았듯이, 중세 유럽 사회에서 돈은 대체물(FUNGIBLE)로 인식되었다. 대체물이란 일반적인 물건, 즉 석탄, 음식, 잡동사니 등을 통칭하는 개념이었다.[170] 집 혹은 배(BOAT) 등 즉각적으로 소비될

---

168 Todeschini, 27.

169 Raymond de Roover, 『San Bernardino of Siena and Sant'Antonino of Florence: The Two Great Economic Thinkers of the Middle Ages』, Boston, Harvard Graduate School of Business Administration, 1967, 10.

170 Allan B. Wolter, 「Introduction」, 『John Duns Scotus: Political and Economic Philosophy, Latin Text and English Translation with an Introduction and Notes』, New York, The Franciscan Institute, 2001, 18.

수 없는 비 대체물과는 달리, 대체물을 대여하는 경우 그것에 대한 사용권뿐만 아니라 소유권까지 함께 대여되었다. 왜냐하면, 대체물은 그것을 사용하는 동안 동시에 소비되는 물품들이었기 때문이다. 예를 들어 곡식을 대여하는 경우, 그것을 빌려 간 사람은 사용과 동시에 섭취하며 소비하게 된다. 따라서 대체물이 대여되는 경우, 그것을 빌려주는 사람은 대여물에 대한 소유권을 주장할 수 없었고, 더 나아가 대여물로 인하여 혹시나 발생할 수 있는 수입 역시 빌려주는 사람이 아니라 그것을 빌려 가는 사람에게 속하게 되었다. 앞서 언급하였듯이 대체물이 대여되는 경우 그 소유권도 함께 대여되기 때문이었다. 따라서 대체물을 빌려주는 사람은 그것을 빌려 가는 사람으로부터 원래 빌려 갈 때의 똑같은 질과 양만 되돌려 받을 수 있었다.[171] 돈도 대체물로 이해되었으므로 돈의 대출에서도 똑같은 개념이 적용되었다. 즉 대출자가 상환자에게 그 어떤 이자나 웃돈을 요구할 수 없었다. 만약 그렇게 요구한다면 그 대출은 곧 고리대금으로 이해되었다. 따라서 중세 유럽에서는 현대 경제에서처럼 과도한 이자를 요구하는 금전 대출을 고리대금업으로 부른 것이 아니라, 그 어떤 이자나 웃돈을 요구하는 금전 대출은 즉시 고리대금업으로 분류되었다.

교회는 다음의 성경 구절에 근거하여 고리대금을 철저히 금지하였다. "그에게서 이자나 이익을 거두어서는 안 된다."(레위 25,36)

171　Wolter, 「Introduction」, 19.

"그에게 잘해 주고 아무것도 바라지 말고 꾸어 주어라."(루카 6,35)[172] 위僞-크리소스토모는 또한 고리대금 업자들이 하느님에게만 속한 시간을 팔고 차용자들에게 속한 것을 부당하게 취한다고 비난하였다. 따라서 고리대금 업자들은 다른 누군가에게 속한 것을 훔치는 도둑으로 단죄되었다.[173]

교회 역시 고리대금을 치명적인 죄로 간주하였고, 이 죄를 지은 사람은 적절한 회개와 보상을 하지 않으면 영원한 지옥살이가 명해졌다. 이 중에서도 가장 죄질이 좋지 않은 자들은 바로 "고리대금 업자들의 고객의 대부분을 차지하던 가난한 이들을 착취하는"[174] 사람들이었다. 사회 안에서도 고리대금 업자들은 공공의 적으로 이해되었다. 왜냐하면, 이들은 가난한 이들을 위하여 분배되어야 할 사회적 재산을 부당하게 축적하고, 가난한 이들의 인구를 많이 증가시켰으며, 이미 가난한 이들을 더 가난하게 만들며 사회 발전을 크게 저해하였기 때문이었다.[175]

이 시기의 고리대금 업자들은 일반적으로 유대인들이었다.[176] 11세기 이후 유대인들도 역시 도시에 정착하기 시작하였고, 13세기

---

172 Wood, 159.
173 Wood, 159-161.
174 Wood, 164.
175 Todeschini, 25.
176 많은 학자들이 당시 유럽 도시의 많은 고리대금 업자들이 유대인들이었다는 사실에 동의하기는 하지만 아직도 이 주제는 논쟁 중에 있다. 이에 관하여서는 Little, 42-57을 보라.

이후 전문 대출 은행 사업에서 두각을 나타냈다. 11세기부터 13세기까지의 시간을 거치는 동안 유대인들은 일반적으로 열등한 사람들 혹은 인간 이하의 존재로 취급당했다. 많은 경우 유대인들은 예수를 팔아넘긴 유다와 동일시 되거나 아주 더러운 오물로 취급당했다. 이는 결과적으로 유대인들을 향한 잔인한 생각과 행동으로 나타났다.[177] 서유럽에서는 유대인들이 독을 풀어 우물과 하천을 오염시킨다는 근거 없는 소문들이 떠돌았고, 유대인들에게는 땅의 소유가 허락되지도 않았으며, 따라서 농사도 지을 수가 없었다.[178] 상황이 이렇다 보니 많은 유대인이 도시로 삶의 터전을 옮기는 것은 당연한 현상이었다.

　이렇게 어려운 문화적 사회적 상황에도 불구하고 유대인들은 13세기와 14세기에 서유럽과 중유럽 지역에 걸쳐서 전문적인 고리대금 업자로 성공하였다.[179] 유대인들이 그리스도인 도시에 잘 정착할 수 있었던 이유 중 하나는 이들에게 그리스도교의 법적 요구 사항이 적용되지 않았다는 점이다. 즉, 고리대금은 분명히 교회가 금지하는 상업 행위였지만, 유대인들은 그리스도인이 아니었기 때문에 이러한 요구 사항을 따를 의무가 없었다. 또한, 당시 자금난에 시달리던 많은 지역 군주들에게 유대인들이 가진 재력은 상당히 매력적인 것이었다. 따라서 많은 지역의 실력자들이나 군주들이 유대인들

177　Little, 51.
178　Little, 53.
179　Little, 42-45.

을 자신들의 지방과 도시로 초대하고 심지어 보호하기도 하였다.[180]

유대인들은 또한 합법적으로 이혼을 허락하는 독특한 가족 체계를 가지고 있었다. 따라서 유대인 은행가들 역시 여러 번 결혼할 수 있었고, 그를 통하여 다른 도시나 국가의 다른 유대인 가족들과 나양한 관계를 만들어 낼 수 있었다. 이러한 혼인 문화는 당시 그리스도인 도시 경제 체계에 큰 타격을 줄 수 있었는데, 왜냐하면 유대인들이 고리대금이나 다른 여러 경제 활동을 통하여 벌어들인 공동체의 재산이 다른 도시에서 소비되거나 끝나 버릴 수 있었기 때문이었다.[181] 한 도시 공동체의 건강한 경제 체계는 잘 규제되고 지속적인 부富의 순환에 달려 있었다. 그러나 유대인 고리대금 업자들은 자신들의 독특한 혼인 체계와 인맥을 이용하여 자신들의 은행에 저당 잡힌 공동체의 재산을 공동체 바깥의 다른 지역으로 내보냈고,[182] 또한, 매우 높은 이자의 고리대금으로 사회 안에 예기치 않은 파괴적인 가난 문제를 발생시켰다. 이러한 유대인 고리대금 업자들의 상행위는 그리스도인 도시 공동체라는 유기체의 피를 빨아먹는 것과 같은 것이었다.

---

180 Wood, 167.
181 Todeschini, 168.
182 Todeschini, 169.

중세 사회 경제 문제에 대한 프란치스칸들의 응답

프란치스코 이전

성 프란치스코 이전에도 위에서 언급한 사회 경제적 현상에 응답하기 위한 여러 가지 종교적인 시도들이 있었다. 기존의 대수도원 제도, 즉 공동체의 재산을 소유하는 가운데 개인적인 가난만을 추구했던 대수도원 제도는 이 새로운 시대에 이미 적합한 대안으로 보이지 않았다. 대수도원들 역시 지주 계급으로 간주되었고, 자신들의 땅과 그 땅 위에 있는 모든 것들에 대한 권리, 예를 들어 방앗간, 각종 동물, 집, 교회 및 그 교회가 벌어들이는 헌금 등 소유한 대지 위의 모든 것에 대한 권리를 누리고 있었다.[183] 대수도원들이 행하는 애덕 활동 역시 의례적인 수준이었다. 기존의 대수도원 문화 안에서는 전례가 가장 중요했는데, 이러한 전례에 대한 지나친 집중은 당대의 가난한 사람들을 우선하여 돌보지 못하는 결과를 낳았다. 일반적으로 시편과 기도는 수도원 은인들의 영원한 구원을 위하여 바쳐지는 것이었다. 또한, 가난한 자들에게 나누어 주는 음식은 단순히 남은 음식의 자선에 불과한 경우가 많았다.[184]

---

183 Little, 64.
184 Little, 66-68.

이러한 상황을 타개하기 위하여 혹은 회피하기 위하여, 11세기에 이르러 은수자들이 다시 등장하기 시작하였다. 11세기의 은수자들은 대부분 평신도를 향한 순회 설교자들로서 이들의 등장은 베네딕토회가 누리던 부와 안정에 큰 도전으로 다가왔으며, 이는 재속 성직자들에게도 마찬가지였다.[185] 따라서 일부 전통적인 대수도원들도 개혁을 시도하였다. 그 중 카르투시안CARTHUSIANS 개혁은 "가난한 은수주의와 일종의 긴축된 형태의 대수도원 전통을 결합하는"[186] 개혁을 시도하였다. 시토(CISTERCIAN) 개혁에 속한 수도원들은 도시나 중심지 등에 정착하지 않는 새로운 베네딕토회 생활 양식을 발전시켰다. 또한, 성 베네딕토의 수도규칙을 문자 그대로 지키면서 수도원 농장에 농민이나 농노도 두지 않았다.[187] 도시에서는 일부 재속 성직자들이 의전 사제단이라는 형태로 개혁을 시도하였다. 의전 사제단은 개인적인 가난에 충실하면서도 활발한 사도직 안에서 공동체의 삶에 충실한 생활을 추구하였다.[188] 또한, 세 개의 뚜렷이 구분된 단체로 구성된 우밀리아티HUMILIATI가 탄생하였다. 우밀리아티는 성직자들의 회, 수도자들의 회, 결혼한 평신도들의 회를 구성하며 엄격한 가난의 삶을 추구하였다. 성직자들의 회와 수도자들의 회는 땅을 소유하지 않았고, 평신도들의 회는 가난한 이들, 아픈 이들, 나

185　Little, 82.
186　Little, 87.
187　Little, 91-93.
188　Little, 99.

환자들 안에서 가난한 사도직을 수행하였다.[189] 이와 별도로 베구인(BEGUINES)이라는 일종의 준-수도자 단체도 도시에 등장하기 시작하였다. 베구인들은 여성으로 구성된 평신도 조직으로서 그 출신 배경은 가난한 이들부터 부자들까지 그 모두를 아울렀다. 이들은 주로 직물과 관계된 일에 종사하거나 도시 안에 도움이 필요한 이들을 위한 일을 하는 삶을 살아갔다. 베구인들의 가난에 대한 접근은 그다지 엄격하지 않았다. 그보다는 자신들이 구성한 공동체 안에서 일종의 사회 경제적 안정감을 누리고 추구하는 이들이었다고 할 수 있다.[190]

위에서 서술한 종교적인 운동의 일관된 주제는 '가난'이라는 단어로 요약할 수 있겠다. 이들이 얼마나 자발적 가난에 충실하였는지에 상관없이 한 가지 확실한 점이 있다면, 이들 모두 가난이라는 주제를 자신들의 종교적, 사회 경제적 태도를 정초하는 하나의 열쇠로 보았다는 데에 있다. 이러한 가난에 대한 접근과 태도는 프란치스칸 전통의 가르침, 이론, 실천안에서 아주 구체적으로 실현된다.

프란치스코와 초기 형제들

사회 경제적 원칙 - 자발적 가난과 '모든 이에게 순종': 프란치스

---

189   Little, 116-118.
190   Little, 130-133.

코와 초기 형제들의 사회 경제적 태도는 두 개의 작은 형제들의 수도규칙과 프란치스코가 작성한 다른 글들에서 아주 잘 드러난다. 이러한 글들이 뚜렷하게 선포하고 있는 바는 하느님만이 모든 것의 유일한 주인이라는 점이며, 따라서 개인적으로나 공동체적으로나 완벽한 자발적 가난을 충실하게 살아야 한다는 바이다. 이러한 초기 프란치스칸들의 전망은 프란치스칸 경제 전통으로 발전하고 체계화된다.

다른 이들과의 관계에서 가장 중요한 가치는 바로 자발적 가난이었다. 이미 제1장의 결론에서 살펴보았다시피, 자발적 가난의 삶의 양식은 '모든 이에게 순종'이라는 사회 경제적 태도로 구체화 되었다.[191] 프란치스코는 「유언」에서 다음과 같이 말한다. "그리고 우리는 무식한 사람들이었으며 모든 이에게 복종하였습니다."[192] 초기 프란치스칸들은 형제들의 공동체 내부에서뿐만 아니라 외부 삶과 일의 모든 맥락에서 이 원칙을 충실하게 살아감으로써, 새로운 사회적 맥락을 지닌 연대의 경제를 발전시켰다.[193] 즉, 프란치스코와 초기 형제들은 자신들의 일터와 삶 안에서 가지는 모든 인간적, 사회적, 경제적 관계 안에서도 가난이라는 정신과 실천에 충실하였고, 따라서 전혀 새로운 사회 경제 망을 건설하였다. 예수 그리스도의 지상 여정은 가난과 겸손으로 가득 찬 삶이었다. 그리고 프란치스

---

191 아씨시의 프란치스코, 「유언」, 19, 293.
192 아씨시의 프란치스코, 「유언」, 19, 293.
193 Flood, 「Franciscans at Work」, 34.

코는 이 세상 안에 가난과 겸손이 실제로 가득 차 있고, 바로 그것이 이 사회를 지탱하는 원리라고 보았다. 따라서 그들도 그 가난과 겸손의 원리를 자신들의 모든 사회 경제적 관계 안에서도 철저하게 추구하였다.

일: 이러한 사회 경제적 태도는 초기 형제들의 '일' 안에서 가장 먼저 표현되었다. 왜냐하면, 일은 그 자체로 사회 안에서의 다른 이들과의 관계를 함축하기 때문이다. 프란치스코와 초기 형제들이 어떤 일에 종사하였는지, 어디에서 일했는지 매우 구체적으로 파악하기 힘들지만, 한 가지 확실한 점은, 프란치스코 자신도 일했고, 다른 형제들도 그렇게 일하기를 희망하였다는 점이다. 이에 관해서 프란치스코는 「유언」에서 다음과 같이 이야기한다. "그리고 나는 내 손으로 일을 하였고 또 지금도 일하기를 원하며 다른 모든 형제들도 올바른 허드렛일에 종사하기를 간절히 바랍니다."[194] 프란치스코 스스로 「유언」에서 고백하고 있듯이, 그는 회개 이후 얼마 지나지 않아 "세속을 떠났다."[195] 그러나 얼마 지나지 않아 전혀 다른 전망과 태도를 가지고 다시 그 세상 속으로 돌아왔다. 회개 이전의 프란치스코가 여러 가지 사회 경제적 상황과 주제에 이미 익숙하였다는 점을 상기해 본다면, 회개 이후 세상으로 다시 돌아온 프란

---

194 아씨시의 프란치스코, 「유언」, 20, 293.
195 아씨시의 프란치스코, 「유언」, 2, 291.

치스코는 자신의 초기 형제들과 함께 전혀 다른 사회 경제적 맥락을 추구했으리라는 점은 쉽게 추측할 수 있다. 그리고 이들이 추구하던 사회 경제적 맥락은 '자발적 가난'과 '모든 이에게 순종'이라는 원칙을 따르는 것이었다. 프란치스코가 봉사와 일하는 자세에 관하여 쓴 글에도 역시 '모든 이에게 순종'이라는 원칙이 다시 한 번 강조되고 있다. 프란치스코는 다음과 같이 말한다. "오히려 같은 집에 있는 모든 이들보다 더 낮은 사람이 되고 아랫사람이 되어야 합니다."[196]

또한, 초기 프란치스칸 형제들이 추구하던 수도생활은 기존의 대수도원 생활, 즉 공동 재산을 정당화하고 그것을 누리고 살아가던 대수도원 생활과는 전혀 다른 형태였다. 프란치스코의 공동체는 공동체적으로도 아무것도 소유하지 않았기에, 형제들에게 필요한 음식과 생계에 필수적인 물품들을 얻기 위해서 일상 노동이 꼭 필요할 수밖에 없었다. 작은형제회 초기에는 수도회 고유한 조직이나 단체들을 거느릴 만한 거대한 수도 공동체가 아니었다. 따라서 초기 형제들은 아마도 이미 운영되고 있던 나환자촌 같은 다양한 형태의 애덕 단체나 자선 단체 등에서 개인 자격으로 일했을 가능성이 크다. 프란치스코 또한 형제들에게 "저마다 부르심을 받았을 때의 기술과 일을 그대로 유지[197]하라."고 말한다. 이는 초기 형제들이

---

196 아씨시의 프란치스코, 「인준받지 않은 수도규칙」, 제7장, 2, 202.
197 아씨시의 프란치스코, 「인준받지 않은 수도규칙」, 제7장, 6, 202.

각자의 기술을 가지고 각각 다른 장소에서 일했음을 암시한다고 할 수 있다. 더 나아가 형제들은 이미 형제들이 일하던 일터에서 꽤 좋은 평판을 얻고 더 높은 자리로 초대받고 있었다. 그래서 프란치스코는 인준받지 않은 수도규칙을 작성하며 다음과 같은 부정적인 문장을 삽입해야 했다. "모든 형제들은 남의 집에서 봉사하거나 일하기 위하여 어느 곳에서든지 감독관이나 관리인이 되지 말아야 하며, 봉사하는 집에서 주관해서는 안 됩니다."[198] 즉, 형제들의 사회적, 종교적 태도와 배경, 또한 형제들이 갖춘 여러 능력으로 인하여 점점 더 높은 책임자의 자리가 제공되고 있었던 것이다.[199] 그러나 일터에서의 더 높은 자리에 대한 제안을 거절하는 형제들의 태도는 그들이 추구하던 사회 경제적 맥락이 전혀 다른 것이었음을 증명한다. 사실 모든 일터에서 '모든 이에게 순종'한다는 원칙과 태도는 인간적인 권력과 재력이 지배하는 경제 질서가 아닌, 하느님의 선, 인간 기본권, 사회 정의 및 평화를 추구하는 하나의 대안 경제를 건설한다는 말과 크게 다르지 않다고 볼 수 있다.

돈: 초기 형제들의 사회 경제적 태도 중에서 또 다른 중요한 점은 바로 돈에 대한 태도이다. 형제들은 복음을 따르는 복음적 삶을 추구하였고, 복음에서 예수는 제자들에게 돈을 들고 다니지 말라

---

198 아씨시의 프란치스코, 「인준받지 않은 수도규칙」, 제7장, 1, 202.
199 Carmody, 47.

고 명한다. 초기 프란치스칸 형제들도 자신들의 삶에 있어서 이 복음서의 명령을 중요하게 여겼을 것이다. 그러나 돈과 관련된 형제들의 태도에서 그 외에도 고려해야 할 점이 몇 가지 더 있다. 첫째, 프란치스코의 배경 자체가 상인 배경이라는 점이다. 따라서 프란치스코 스스로 당시의 돈과 금융 체계, 그리고 돈으로 인한 부정적 영향을 매우 잘 알고 있었을 것이다. 이미 앞에서 다루었던 바와 같이 당시 도시의 많은 사람이 일당에 의존하는 삶을 살거나 아예 구걸하는 거지의 삶을 사는 등 가난 문제로부터 고통받고 있었다. 게다가 당대 중부 이탈리아에는 두 가지 종류의 돈이 유통되고 있었다. 그 첫 번째는 황제가 발행한 동전으로서 그 가치가 더 높았고, 두 번째는 교황이 발행한 동전으로서 그 가치가 더 낮았다.[200] 이러한 금융 체계는 결국 사회를 둘로 나누고, 오직 부자들에게만 경제적 수혜를 안겨다 주는 결과를 가져왔다. 가치가 낮은 돈을 사용할 수밖에 없는 서민들의 경우, 생계를 위한 필수품을 얻기 위하여 더 많이 일하고 더 많은 돈을 지출해야 하는 모순적인 상황을 살고 있었다. 따라서 "초기 형제들은 양심적으로 그와 같은 경제 체계를 받아들일 수 없었다."[201] 또한, 프란치스코와 초기 형제들은 돈을 돌덩이

---

200 William J. Short, 「The Rules of the Lesser Brothers」, 『The Writings of Francis of Assisi: Rules, Testament and Admonitions』 (Studies in Early Franciscan Sources, Vol. 2), eds. Michael W. Blastic, Jay M. Hammond, and J. A. Wayne Hellmann, New York, Franciscan Institute Publications, 2011, 73.

201 Carmody, 48.

보다 더 쓸모 있다고 여겨서는 안 된다고 말한다.[202] 이는 돈에 대한 형제들의 영적인 태도를 드러낼 뿐만 아니라 바위에서 채굴되어 가공되는 동전의 속성을 그대로 보여 준다고 하겠다. 이에 관하여 윌리엄 쇼트는 다음과 같이 논한다. 프란치스코에게 있어서 "이러한 돌 조각들은 전혀 유용하지 않았다. 유용한 것은 필요를 채워주는 것들인데 이런 것들은 주로 음식이나 옷 등으로 제한되었다."[203]

더 나아가 돈은 형제들의 사회 경제적 원칙, 즉 '모든 이에게 순종'이라는 원칙을 파괴하는 것이었다. 초기 형제들이 자신들의 노동과 일터 안에서 만드는 인간적-사회적 관계 안에서도 형제적인 전망을 추구하였다는 것은 재론의 여지가 없을 것이다. 그러나 당시 돈은 가난한 이들을 착취하는 경제 체계를 만들고 있었다. 따라서 돈을 통한 거래 및 돈의 축적을 시도하는 형제들은 도둑이자 강도로 여겨졌다.[204] 이에 관하여 프란치스코는 다음과 같이 강하게 이야기한다. "어떤 형제가 만약에 금품이나 돈을 모으거나 혹은 갖고 있으면 … 그를 거짓 형제요 배신자요 도둑이요 강도요 돈주머니를 챙기는 자로 간주합시다."[205]

정의: 프란치스코는 형제들에게 항상 모든 좋은 것을 하느님께

---

202 아씨시의 프란치스코, 「인준받지 않은 수도규칙」, 제8장, 3, 204.
203 Short, 「The Rules of the Lesser Brothers」, 76.
204 Cusato, 33.
205 아씨시의 프란치스코, 「인준받지 않은 수도규칙」, 제8장, 7, 204-205.

돌려드리라고 권고한다. 이러한 영성은 가난이라는 형태로 구체화하고 실행되었다. 그러나 사회 안에서 이 프란치스칸 가난 영성은 '분배 정의'라는 사회적 의미를 지니게 되었다.[206] 형제들은 모든 좋은 것을 하느님에게 돌려드리는 그 가난이 삶을 형제들의 공동체 안에서뿐만 아니라 형제들의 일터와 바깥사람들과의 관계에서도 살았을 것이고, 그렇다면 서민들에게 직접 가해지던 사회 경제적 부당함과 정의롭지 못한 상황을 분명히 직시하고 있었을 것이다. 왜냐하면, 모든 좋은 것을 하느님에게 돌려드린다는 가난은 곧 모든 좋은 것을 하느님의 뜻과 사랑과 정의에 걸맞게 이 세상으로 돌린다는 말과 같기 때문이다. 따라서 형제들은 자신들의 일상 노동을 통해서 일종의 경제 정의를 구현해 나갔을 것으로 보인다. 예를 들어 인준받지 않은 수도규칙 9장에서 프란치스코는 다음과 같이 이야기한다. "동냥은 가난한 사람들에게 돌려주어야 할 유산이며 정당한 권리이고, 우리 주 예수 그리스도께서 우리를 위하여 그것을 얻어 주셨습니다."[207] 여기서 프란치스코와 초기 형제들이 이야기하는 바는 명확하다. 즉, 모든 것은 지극히 높으신 선이신 하느님에게만 속해있고, 그것들 모두가 가난한 이들에게 유산으로서 약속되었다는 것이다. 따라서 가난한 이들에 대한 자선은 단순한 덕의 실천이 아니라 정의의 실천이다. 왜냐하면, 가난한 이들이야말

---

206 Flood, 「Franciscans at Work」, 55.
207 아씨시의 프란치스코, 「인준받지 않은 수도규칙」, 제9장, 8, 206.

로 그리스도로부터 상속받은 그 모든 것들의 주인이며, 따라서 가난한 이들에 대한 자선은 본래 주인에게 모든 것을 돌려주는 행위이기 때문이다.[208] 또한 「신자들에게 보낸 편지 2」 역시 사회 정의의 문제를 간명하게 이야기하는 구절을 담고 있다. 이 편지의 72절부터 82절까지 죽어가는 한 상인의 이야기가 서술되고 있다. 이 상인은 살아 있는 동안 자신의 경제 활동을 통하여 사람들에게서 부당하게 돈과 물건을 사취해 온 사람으로서 죽기 전 마지막으로 사제를 보는데, 이때 사제는 그 상인에게 부당하게 사취한 죄를 보속하는 의미로 피해자들에게 경제적인 보상을 권고하지만, 이 상인은 거절한다. 그리고 이 불쌍한 상인은 대죄 중에 말을 잃고 세상을 떠나 지옥에 떨어진다.[209] 여기서 강조되는 점 역시 사회 경제 정의의 문제이다. 즉, 부당한 상행위를 통하여 부당하게 취한 것들은 다시 피해자들에게 경제적으로 보상되어야 하며, 그렇게 하지 않는 것은 곧 대죄 중에 있는 것임을 분명히 한다. 당시 이 글이 쓰였을 때 즈음 프란치스코와 초기 형제들의 명성을 볼 때, 이 이야기는 여러 도시와 시장통에서 우리 형제들의 설교를 통해서나 이 편지의 내용을 아는 사람들의 입을 통하여 메아리쳤을 것이고, 따라서 사람들의 사회 경제적 태도에 영향을 미쳤을 것으로 보인다. 요약하자면, 「인준받지 않은 수도규칙」 제9장과 「신자들에게 보낸 편지 2」의 짧은

---

208 Short, 「The Rules of the Lesser Brothers」, 83.
209 아씨시의 프란치스코, 「신자들에게 보낸 편지 2」, 72-82, 179-180.

이야기는 가난한 이들에 대한 분배 정의의 가르침을 간명하게 함축하고 있다고 보아야 할 것이다. 그리고 이 정의는 초기 형제들의 일상 노동과 일을 통해서도 수행되었을 것이다.

결론적으로 프란치스코아 초기 형제들은 당대의 주류 사회 경제적 맥락과는 전혀 다른 대안적인 사회 경제 체계를 추구하였다고 볼 수 있다. 형제들은 '모든 이에게 순종'이라는 원칙에 따라 다양한 장소에서 일하였고, 따라서 자신들의 일터에서 다른 이들과의 참되고 올바른 관계를 만들어 갔다. 형제들은 또한 형제들의 가난한 삶의 원칙과 돈이 가난한 사람들에게 가져다주는 부정적인 영향으로 인하여 돈을 거절하였다. 또한, 형제들은 그리스도로부터 모든 것을 상속받은 가난한 이들에게 실제로 모든 것을 돌려주는 사회 경제 정의도 가르치고 실천하였다.

요한 둔스 스코투스

시간상으로 보자면 요한 올리비가 스코투스보다 약간 선행하지만, 올리비의 경제 이론이 가지는 중요성과 후대 파급력을 고려하여 올리비를 나중에 더 자세하게 살펴보고, 우선 간략하게나마 스코투스부터 살펴보도록 하겠다. 사실 스코투스도 역시 올리비의 경제 이론에서 영향받은 바가 적지 않다.

스코투스는 일반적으로 심원하고도 어려운 철학적이고 신학적인 담론을 가르치고 이야기하는 철학자이자 신학자로 알려졌으며, 그가 구체적인 정치, 경제에 관한 이론 또한 작성하였다는 사실은 그리 많이 알려지지 않았다. 스코투스의 경제 이론은 『ORDINATIO OXONIENSE』[210]의 「질문 15번: 회개한 도둑이 반드시 보상할 의무가 있는가?」안에 체계적으로 정리되어 있다. 여기서 스코투스는 사유 재산, 상업적 거래의 본성, 고리대금, 상인과 사업의 유용한 기능 등에 대해서 다룬다.

사유 재산: 스코투스는 가장 먼저 사유 재산의 문제를 다룬다. 그는 사유 재산을 인간법 혹은 실정법안에 위치시키며 사유 재산의 소유를 정당한 것으로 보았다. 스코투스에 의하면 원죄 이전에는 그 어떤 개인적인 소유도 없었다. 왜냐하면, 그 누구도 다른 이들이 필요로 하는 것을 훔치지 않았고, 어떤 물건이 필요한 사람도 다른 이들로부터 힘들게 얻어낼 필요가 없었기 때문이었다.[211] 모든 것이 평화로운 가운데 공동으로 소유되었다. 그러나 인간의 원죄 이후 "모든 것을 공동으로 소유한다는 자연법이 폐지되었다."[212] 따라서 이전에 공동으로 소유하던 것들을 각 개인이 나누어 소유하는

---

210 『Ordinatio Oxoniense』는 스코투스가 옥스포드 대학에서 행한 베드로 롬바르도(1100-1160)의 신학명제론(Sententiae)에 대한 해설이다.

211 Duns Scotus,『Ordinatio Oxoniense』, question.15, article.1, conclusion.1,『John Duns Scotus: Political and Economic Philosophy』, ed. Allan B. Wolter, New York, Franciscan Institute Publication, 2000, 31.

212 Scotus,『Ordinatio』, ques.15, art.1, con.2, 31.

것이 허락되었다.[213] 이는 개인의 평화롭고 존엄한 삶을 위한 조처였고, 만약 이렇게 하지 않으면 다른 이들로부터 한 개인의 삶이 방해받거나 침해받을 수 있었기 때문이었다. 스코투스는 또한 사유 재산의 목적과 의미를 개인이 평화롭고 존엄한 삶을 위한 것으로, 개인의 삶을 건강하게 유지하기 위한 필수품 조달을 위한 것으로 보았다.[214] 스코투스의 이러한 사유 재산에 대한 가르침은 오늘날 현대 사회를 살아가는 우리에게도 사유 재산의 의미와 또한 평화롭고 존엄한 삶을 위한 기본적인 재산도 가지지 못한 채 살아가는 가난한 이들의 상태에 대하여 의미 있는 함축과 질문을 던진다고 할 수 있다. 더 나아가 스코투스는 사유 재산이 허락되기는 하였지만 "자연법이나 신법에 따르면 여전히 그 어떤 분할도 없다."[215]라고 말한다. 이러한 스코투스의 이론은 프란치스칸의 가난에 대한 이해, 즉 사유 재산을 거절하였던 그 가난에 대한 이해와 전적으로 맥을 같이 하는 것이다. 반면 아리스토텔레스와 토마스 아퀴나스는 사유 재산이 '자연법'에 추가된 내용이었다고 보았고,[216] 따라서 언제 어디서나 유효한 보편적 불변의 법칙으로 이해하였다. 그러나 스코투스는 사유 재산이 자연법이 아닌 '인간 실정법'에 의해서 제정되었기에

213　Scotus, 『Ordinatio』, ques.15, art.1, con.3, 31.

214　Scotus, 『Ordinatio』, ques.15, art.1, con.1, 29.

215　Scotus, 『Ordinatio』, ques.15, art.1, con.3, 31.

216　Robert I. Mochrie, 「Justice in Exchange: The Economic Philosophy of John Duns Scotus」, 『Journal of Markets & Morality』, Volume 9, Number 1 (Spring 2006): 39.

여전히 사유 재산의 본질이 시간과 장소와 상황에 따라 변화 가능한 '우연한' 것이라고 보았다. 이러한 스코투스의 사상은 현대를 살아가는 우리에게 다음과 같은 가르침을 준다고 볼 수 있다. 이 세상의 모든 재화는 우리의 재산이 아니라 하느님의 것이고, 따라서 그 모든 것들은 하느님의 뜻에 따라, 사회 경제적 용어로 표현하자면, 공동선을 위하여 사용되어야 함을 함축하는 것이다.

돈과 자본: 일반적으로 자본은 또 다른 미래의 가치를 생성하는 기능이 있거나, 미래를 위한 일종의 종잣돈 같은 역할을 하는 경제적 자산을 의미한다. 앞서 살펴보았다시피 중세 시기에는 돈을 돈으로만 보았지 또 다른 긍정적인 사회 경제적 가치를 창출하는 가능성으로서의 돈, 즉 자본으로 보지는 않았다. 그러나 스코투스는 돈은 그 자체로는 가치가 없고 유용하지 않다는 전통적인 가르침에 동의하지 않으며, 돈과 자본을 구분한다. 또한, 스코투스는 이러한 자본이 투자를 위하여 거래 될 때는 이익을 수반할 수 있다고 말한다. 즉 자본이 대출될 때에는 이자가 붙을 수 있다는 것이고, 이러한 자본의 거래는 고리대금으로 분류하지 않았다. 이렇게 스코투스는 고리대금에서 중요한 예외 조항을 만든 것이다. 이에 관하여 스코투스는 다음과 같이 적는다.

> 돈은 그 본성상 어떤 유용한 가치를 가지는 것으로 이해되어야 한다. 이는 장신구에서 보이는 것과 같이 혹은 부유한 사람이

보여주는 가능성과도 같은 것이다. 그리고 바로 이렇게 이해되는 한 말(horse)이나 다른 물건이 빌려지거나 임대되는 것처럼 돈도 그렇게 대출되거나 임대될 수 있다. 그리고 이 경우 그것을 빌려준 사람은 여전히 그 돈에 대한 소유권을 유지한 채로 이자를 받을 수 있다.[217]

상인과 상업: 스코투스는 상인들이 국가의 이익에 봉사한다고 정의하고, 따라서 없어서는 안 될 중요한 사회 구성원으로 보았다. 즉, 상인들은 모국에는 흔하지 않은 꼭 필요한 물품들을 수입함으로써 국가에 이바지한다고 보았다.[218] 이렇게 스코투스는 상인과 상업의 정의와 역할을 공동선의 관점에서 파악하였다. 이런 전망에서 스코투스는 상인들의 이익도 정당화하였다. 왜냐하면, 어떠한 상업적 제조나 거래는 시간, 노력, 위험이 수반되었고, 바로 그러한 이유로 상인들은 자신들 몫의 사례를 챙길 수 있다고 보았다.[219] 이에 관하여 스코투스는 다음과 같이 서술한다.

상품을 수입하고 판매하는 이 사람[상인]은 국가에 유익하고도 정직하게 봉사한다. … 한 나라에서 다른 나라로 상품을 옮기는 형태의 산업은 상당한 양의 일이 요구된다. … 따라서 이 사

---

217 Scotus, 『Ordinatio』, ques.15, art.2, b, II, 3, 51-53.
218 Scotus, 『Ordinatio』, ques.15, art.2, b, II, 5, 57.
219 Mochire, 44.

람은 자신과 자신의 가정의 생계를 위해 필요한 것을 뛰어넘는 수익을 취할 수 있다.[220]

베드로 요한 올리비

올리비는 프란치스코와 초기 형제들과 마찬가지로 수도생활과 그리스도인 생활을 '프란치스칸 자발적 가난'이라는 렌즈를 통하여 보았다. 올리비는 그 어떤 것도 소유하지 않는 프란치스칸 삶의 양식이 사회 전체에도 하나의 모범으로서 제시될 수 있다고 보았고,[221] 프란치스칸들의 '자발적 가난'이라는 삶의 원리를 사회와 시장을 위한 하나의 주요 원리이자 기술로 정의하였다. 또한, 올리비는 프란치스칸 가난이라는 개념에서 '가난한 사용'이라는 이해를 도출하는데, 그는 이 '가난한 사용'이 이 세상의 사물들을 더욱더 값지게 만들 수 있다고 보았다.[222] 이렇게 올리비는 자신이 가지고 있던 '가난'과 '사용'에 대한 종교적인 이해를 실제 시장 경제에 최적화시키며, 프란치스칸 경제 윤리를 이 불완전한 세상에 적용하고자 노력하였다.[223]

---

220 Scotus, 『Ordinatio』, ques.15, art.2, b, II, 5, 57-59.
221 Keith Dougalss Warner, 「Retrieving Franciscan Philosophy for Social Engagement」, 『The Cord』 62.4 (2012), 409.
222 Todeschini, 102.
223 Chinnici, 259.

가격 결정: 올리비는 우선 상품의 가격 결정과 관련하여 매우 새로운 이론을 펼친다. 전통적으로 상품의 가격은 두 가지 객관적인 요소, 즉 상품의 '생산 단가'와 '수요와 공급의 원칙'에 의해서 결정된다고 보았다. 그런데 올리비는 여기에 한 가지 매우 주관적인 관점, 즉 구매자의 상품에 대한 '주관적 갈망 혹은 원의'라는 관점을 추가한다. 예를 들어, 똑같은 상품이라 할지라도 그 상품의 색깔이 백색이냐 흑색이냐에 따라 각 구매자가 각각 다른 정도의 즐거움과 원의와 갈망을 가질 수 있다는 것이다. 올리비는 이 관점 역시 상품의 가격 결정 요소에 포함 시킴으로써 당대에 전혀 새로운 경제 요소를 소개하게 되었다. 관련하여 올리비는 다음과 같이 말한다: "상품의 가치는 그것을 가지고자 하는 우리 의지의 더 큰 즐거움 혹은 더 작은 즐거움에 따라 정해진다."[224] 올리비의 이러한 관점은 이후 한참 동안 잊혔다가 놀랍게도 근대 경제에 와서 다시 그 중요성이 확인되었다. 예를 들어 19세기의 알프레드 마셜ALFRED MARSHALL은 소비자의 '주관적 원의'라는 요소를 '수요와 공급'만큼이나 중요한 가격 결정 요소라고 보았다.[225] 더 나아가 올리비는 가격 결정에서 가장 중요하고 가장 첫 번째로 고려되어야 할 점이 '공동선'이라고 생

---

224 Peter John Olivi, 『Treatise on Contracts』, Part I, 11, trans. Ryan Thornton, Unpublished.

225 Stefano Zamagni, 「Globalization: Guidance from Franciscan Economic Thought and Caritas in Veritate」, 『Faith & Economics』, Number 56 (Fall 2010), 95.

각하였다.²²⁶ 즉, 올리비는 상품의 가격 결정과 관련한 문제들을 상품을 사용하는 한 개인의 유용성이나 유익함에만 가두지 않고, 전체 공동체와 사회라는 전망 아래에 놓고 보았던 것이다.

상인과 상인의 이익: 올리비는 위에서 언급한 가격 결정 이론에 따라 상인들의 기능도 재평가하고 그들의 이익도 정당화한다. 올리비는 이전과 당대의 학자들과 마찬가지로 상인들의 유능함과 유용함, 즉 사회와 시장에 상품을 공급하기 위하여 감수하는 노동과 위험을 감수하는 그들의 수고를 알아보고 그 진가를 인정했을 뿐만 아니라,²²⁷ 여기서 한발 더 나아가 상인들의 가격 결정 능력이 사회를 위한 매우 긍정적인 봉사라고 보았다.²²⁸ 이에 관하여 올리비는 다음과 같이 논한다.

> 장인丈人이 그가 가진 기술과 근면함으로 합법적으로 이익을 취하듯이, 상인도 역시 매우 신중하게 행하는 상품의 가치와 가격 검토, 또한 아주 미세한 항목에 이르기까지 상품의 가격을 정하는 그의 근면함으로 적법하게 이익을 취할 수 있다.²²⁹

---

226 Olivi, 『Treatise on Contracts』, Part I, 26.
227 Olivi, 『Treatise on Contracts』, Part I, 30.
228 Zamagni, 「Globalization: Guidance from Franciscan Economic Thought and Caritas in Veritate」, 95.
229 Olivi, 『Treatise on Contracts』, Part I, 76.

이렇게 올리비는 상인의 이익을 정당화하는 데 있어서 한 가지 매우 중요한 근거를 더 추가한다. 이 근거는 상인이 상품의 가격을 결정하는 데 있어서 사용하는 장인의 기술과 그러한 능력을 통하여 공동체와 공동선에 이비지히는 상인의 역할을 말한다. 앞서 언급했던 바와 같이 올리비에게 있어서 가격 결정에 가장 중요하게 고려되어야 할 항목은 공동선이었다. 이렇게 상인의 이익은 공동체의 구성원들이 상인의 가격 결정 능력이라는 훌륭한 역할과 기능에 빚진 바에 대한 보상으로 여겨졌다.[230] 요약하자면, 올리비는 상인들을 공동체에 없어서는 안 될 필수적인 구성원들로 생각하였다. 상인들은 상품을 사회에 공급하고, 더 나아가 상품의 가격을 결정하는 뛰어난 역할을 통하여 전반적인 사회 발전을 도왔으며, 그렇게 사회 전체가 공동선을 누릴 수 있도록 일조할 수 있는 매우 중요한 사회 구성원들이었다.

돈과 자본: 올리비는 또한 돈과 자본을 분명하게 구분한다. 올리비에게 자본이란 상업이나 사업에서 사용되는 '이익의 씨앗'으로서의 돈을 의미하였다. 즉, 자본이란 단순한 돈을 의미하는 것이 아니라 상업적인 활동을 위하여 '이익을 창출할 수 있는 돈'을 의미하는 것이었다. 이에 관하여 올리비는 다음과 같이 서술한다. "자본이 자본인 이상, 즉 그것이 이익을 내는 상업에서 사용되는 한, 자본은 상

---

230 Todeschini, 118.

업 활동에서 사용되지 않는 같은 양의 단순한 돈의 성격을 넘어서서 이익과 관련된 특정한 성격을 추가하게 된다."[231] 더 나아가 올리비는 자본은 그것이 지닌 이익 창출의 본성과 함께 대출될 수 있다고 보았다.[232] 즉, 돈이 아닌 자본이 대출된다면 자본이 지닌 이익의 씨앗으로서의 성격도 함께 대출되는 것이고, 따라서 이렇게 대출된 자본에서는 이자를 취할 수 있다고 보았다. 동시에 올리비는 고리대금업이 추구하는 이자와 자본의 대출을 통해서 얻을 수 있는 이자를 분명히 구분한다. 즉, 단순한 돈을 대출하고 이자를 취한다면 고리대금이었지만, 상업을 위한 자본을 대출하고 거기서 이자를 취하는 것은 합법적이라고 보았다.[233] 앞서 언급하였던 바와 같이 올리비는 상인들의 활동에서 가장 중요한 요소는 공동선이라고 규정하였다. 따라서 상인들의 활동 역시 공동선에 이바지해야 한다고 보았다. 이렇게 공동선에 일조하는 상업에 돈이 대출되는 경우 이것은 돈이 아니라 자본이었다. 왜냐하면, 사회와 공동체를 위한 사회적 선과 이익을 창출해 낼 수 있는 씨앗이 대출되는 것이었기 때문이었다. 따라서 이와 비슷한 것들, 예를 들어 집이나 배가 대여되는 경우와 마찬가지로 이자를 취할 수 있었던 것이다.

이러한 올리비의 자본에 대한 이해는 당대의 전통적인 돈에 대

---

231 Olivi, 『Treatise on Contracts』, Part III, 47.

232 Olivi, 『Treatise on Contracts』, Part III, 47.

233 Zamagni, 「Globalization: Guidance from Franciscan Economic Thought and Caritas in Veritate」, 97.

한 이해와는 판이한 것이었다. 전통적으로 돈 그 자체로는 그 어떤 가치나 유용함이 없다고 보았지만, 올리비는 반대로 돈이 그 자체로 지닌 생산성을 발견하였고, 또한 그 돈이 공동선에 이바지할 수 있는 긍정적인 가능성을 보았다. 올리비는 또한 프란치스칸 '가난'과 '사용'이라는 개념에 따라, 돈은 한 개인이나 특정한 집단에 의하여 축적되어서는 안 되고, 공동체의 상업 체계를 통하여 공동선을 위하여 늘 공동체 안에서 순환되어야 한다고 보았다.[234] 바로 그럴 때 공동체의 모든 구성원이 윤리적으로 자본을 이용할 수 있다고 보았으며, 이는 결과적으로 공동체의 각 구성원이 각자의 경제 활동을 통하여 공동선에 이바지할 가능성을 열어준다고 생각하였다.

합법적 대출: 올리비 역시 고리대금에 대해서는 당대의 다른 학자들이나 종교인들과 마찬가지로 매우 강경한 태도를 보였다. 그러나 돈과 자본에 대한 그의 이해에 따라 특정한 종류의 대출 사업을 정당화한다. 우선 올리비는 공동선을 위한 상업적 활동에 쓰이는 자본의 대출을 정당화한다. 더 나아가 올리비는 도시나 교회의 기관이 보유한 돈은 단순한 개인들이 소유한 돈과는 다른 의미와 역할을 가지고 있다고 보았다. 도시나 교회의 기관이 보유한 돈은 그 본성상, 더욱더 사회적이고 경제적인 의미를 지니고 있다고 본 것이다. 따라서 올리비는 이러한 기관의 돈은 신용 대출의 형태로 공

---

234 Todeschini, 111.

동체 안에서 순환될 수 있다고 보았다.²³⁵ 15세기에 등장하는 프란치스칸 초저리 대출 은행 몬테스 피에타티스Montes Pietatis가 이렇게 13세기의 올리비의 사상 안에서 이미 잉태되었던 것이다.

미래 영향: 올리비의 돈, 자본, 상인, 시장 등에 대한 이해와 이론은 모두 공동선의 발전을 겨냥하고 있다. 그리고 이러한 올리비의 이해는 시에나의 베르나르디노와 펠트레의 베르나르디노 등과 같은 후대 프란치스칸들에게 막대한 영향을 끼치게 된다. 이들도 역시 자신들의 도시 공동체를 더욱더 형제적이고 지속 가능한 공동체로 변모시키고자 노력하였던 프란치스칸들이었다. 이렇게 1200년대 후반 올리비로부터 시작된 프란치스칸 경제 이론과 전통은 1515년 교회로부터 공식적으로 인정받게 된다. 사실 올리비의 종잣돈으로서의 자본에 대한 이해는 이후 알레산드리아의 알렉산더(Alexander of Alessandria)에 의해서 더 확장되었다. 그리고 시에나의 베르나르디노와 펠트레의 베르나르디노에 의해서 유럽 경제에 본격적으로 소개되었다. 또한, 15세기의 프란치스칸 초저리 대출 은행 몬테스 피에타티스는 올리비의 자본에 대한 이해에 근거하여 자본 대출에서 이자를 취하는 체계를 취한다. 사실 이러한 자본에 대한 이해, 자본으로부터는 이자를 취할 수 있다는 자세는 모두 당대 전통적인 교회 가르침과 대치되는 것이었다. 그러나 1515년 교황 레오 10세는

---

235   Todeschini, 113.

자신의 회칙 『인테르 물티풀리체스INTER MULTIPULICES』를 통하여 몬테스 피에타티스의 활동을 승인하는데, 이로써 올리비로부터 시작된 프란치스칸 경제 이론이 공식적으로 인정받고 승인되었다.[236]

그러나 이 모든 경제적인 이론과 실천이 올리비에 기인한다는 사실은 현대 시대에 와서야 밝혀졌다. 올리비는 당시 단죄되었던 프란치스칸 영적인 형제들의 수장으로 간주되었고, 1304년 프란치스칸 총회는 올리비의 전체 가르침에 대한 파괴를 명령하였다. 그러나 올리비의 신학은 여전히 정통으로 여겨지고 있다. 다만 당시 성 프란치스코의 수도규칙 해석에 대한 치열한 다툼 속에서 부당하게 의심되고 고발되었던 것이다. 중세 기간 내내 올리비의 사상은 여전히 의혹을 사고 있었고, 따라서 올리비의 경제 이론을 인용하는 모든 중세 프란치스칸들은 올리비의 이름을 직접 이야기할 수 없었다.[237]

시에나의 베르나르디노

시에나의 베르나르디노(1380-1444)는 프란치스칸 옵세르반테스 개혁 운동[238] 초기 역사에서 가장 중요한 인물 중 하나이다. 베르나르

236　Stefano Zamagni, 「Globalization: Guidance from Franciscan Economic Thought and Caritas in Veritate」, 65.
237　De Roover, 19.
238　프란치스칸 옵세르반테스 개혁은 14세기 후반부터 본격적으로 시작된 프

디노는 옵세르반테스 개혁가로서 프란치스칸 형제들의 개혁을 위한 가르침과 실천에 적극적으로 임하였을 뿐만 아니라 스코투스와 올리비의 가르침을 이어받아 사회와 경제에 대한 가르침에도 적극적으로 나섰다. 사실 베르나르디노 당시 옵세르반테스 프란치스칸 형제들은 점점 더 확산하고 강력해지고 있던 유대인 고리대금 업자들을 상대해야 했다. 당시 몇몇 대출 은행들은 매우 높은 이자를 통하여 사회의 경제 망을 심각하게 파괴하고 있었고, 또한 지방 행정 당국과 깊이 결탁하여 있는 상황이었다. 따라서 이들을 상대하던 옵세르반테스 프란치스칸들의 담론은 전적으로 경제적이고 정치적인 형태를 띠게 되었다.[239] 14개의 설교로 이루어진 베르나르디노의 『계약에 관한 논문(TRACTATUS DE CONTRACTIBUS)』은 사유 재산, 거래와 상업에 관한 윤리적 지침, 고리대금, 가격 결정 등에 관한 내용으로 구

란치스칸 수도회 개혁 운동이다. 옵세르반테스(Observantes)라는 단어는 '규칙 준수자들' 정도로 거칠게 해석될 수 있겠다. 옵세르반테스 개혁은 지속적으로 발전하여 1380년에는 자체적으로 수련자들을 받을 권리를 부여받는다. 이후 시에나의 베르나르디노, 카페스트라노의 요한, 마르케의 야고보, 사르테아노의 알베르토 형제 등의 노력으로 급격한 발전을 이룩한다. 1446년에는 옵세르반테스 작은형제회의 항구한 독립이 보장되었으며, 이로써 작은형제회라는 하나의 지붕 아래 '꼰벤뚜알 프란치스코회'와 '옵세르반테스 개혁 형제회'가 각기 다른 두 가족을 형성하게 되었다. 이후 교황청과 형제회 주도의 지속적인 일치 노력이 있었지만 모두 수포로 돌아갔고, 마침내 1517년 교황 레오 10세의 회칙 『Ite vos』를 통하여 결정적으로 분리되었다. 이 때부터 옵세르반테스 형제회는 당시 작은 개혁 분파들을 모두 통합하며, 오늘날 '작은형제회(프란치스코회)'를 형성하였고, 콘벤투알 프란치스코회와는 완전히 분리되었다.

239 Todeschini, 158-159.

성되어 있다.[240]

상업 활동에 관한 윤리적 지침: 상업에 관한 윤리적 지침과 관련하여 베르나르디노는 우선 상업적인 거래 그 자체는 악하지 않다고 규정한다. 이는 당시의 주류 사상과는 상당히 동떨어진 것이었다.[241] 더 나아가 스코투스의 가르침을 이어받아 상인들이 구원을 받고 그들의 공동체에 이바지할 수 있도록 다음과 같이 상인들이 윤리적으로 또한 실질적으로 종사할 수 있는 분야를 소개한다. (1) 원자재를 사용 가능한 물품으로 만드는 산업. (2) 지출을 감수하며 상품을 장거리로 수출입 하는 사업. (3) 상품을 보관하고 보존하며 개인 소비자들에게 양질의 상품을 판매하는 소매 상업.[242] 즉, 베르나르디노는 한 세기 이전 올리비가 그러했듯이, 상인들의 활동이 상품을 운송하고, 유통하고, 제조함으로써 그렇게 사회에 이바지한다면, 그들의 활동은 완벽하게 합법적이며 사회에 유용하다고 보았다.[243] 이러한 베르나르디노의 생각은 그가 설파하던 공동선이라는 개념과 밀접하게 연결되어 있다. 베르나르디노는 심지어 1425년 시에나에서 한 설교에서 '하느님은 공동선'이라고 선포하기도 하였다.[244] 그는 이

---

240   Warner, 414.
241   De Roover, 10.
242   Warner, 414.
243   De Roover, 11.
244   Zamagni, 「Globalization: Guidance from Franciscan Economic Thought and Caritas in Veritate」, 88.

렇게 시장과 상인들의 정체성을 공동체의 발전과 공동선의 발전에 크게 기여할 수 있는 매우 중요한 경제 주체로 보았던 것이다. 따라서 상인들은 자신이 누구인지 그리고 무슨 일을 하는지를 밝힘으로써 자신이 속한 사회적인 분야를 분명히 해야 했다.[245] 바로 이런 이유로 베르나르디노는 상인들과 사람들에게 투기꾼, 고리대금, 사기꾼 등 공공의 이익에 투자하지 않는 가짜 상인들과 맞서 싸우라고 초대한다.[246]

가격 결정: 가격 결정 요소를 논함에서 베르나르디노는 올리비의 이론, 즉 '주관적 원의'라는 요소를 다시 소개한다. 이 이론은 베르나르디노 이전 약 1세기 이상 숨겨져 있었다. 앞서 언급하였던 바와 같이 올리비의 가르침 전체가 이단으로 의심받고 있었기 때문이었다. 그러나 베르나르디노를 통하여 올리비의 가장 중요한 경제적 가르침이 다시 빛을 보게 되었다. 베르나르디노는 가격 결정에 관한 자신의 강론 35번에서 올리비의 논문을 한 글자 한 글자 그대로 반복한다. 이를 볼 때, 베르나르디노가 올리비의 경제에 관한 논문을 제대로 숙지하고 있었음을 알 수 있다.

고리대금과 합법적 대출: 베르나르디노는 고리대금을 하느님과

---

245 Todeschini, 163.
246 Todeschini, 162-163.

사회에 정면으로 위배되는 범죄로 묘사하며 그 어떤 자비도 보이지 않는다. 당시 고리대금업은 인간의 존엄성과 인간 노동의 존엄성을 심대하게 침해하였고, 가난한 사람들을 더 가난하게 만드는 악순환의 고리를 만들고 있었다.[247] 고리대금업은 가난한 사람들을 사회적, 경제적 맥락과 활동에서 배제했고, 또한 공동체의 부富의 순환을 심대하게 방해함으로써 공동체의 건강한 발전과 공동선을 파괴하고 있었다. 베르나르디노는 바로 이런 맥락에서 고리대금업을 운영하던 유대인 대출 업자들을 서슴지 않고 단죄하였다. 동시에 그는 파괴적인 고리대금업에 맞서 가난한 이들을 보호하기 위한 경제적인 해법이 필요하다는 데에 당대의 옵세르반테스 프란치스칸들과 인식을 같이하였고, 그 해법을 찾기 위하여 노력하였다. 그 해법은 다름 아닌 가난한 이들에게 무이자나 매우 낮은 이율의 이자로 돈을 대출해 줄 수 있는 기금을 조성하는 것이었다.[248] 이 계획은 곧이어 탄생하게 되는 몬테스 피에타티스를 통해서 실현된다.

몬테스 피에타티스Montes Pietatis와 펠트레의 베르나르디노

앞서 논하였듯이 점점 더 증가하는 유대인 인구는 사회에 전혀 새로운 경제적인 현상을 불러일으켰다. 유대인 은행 대출가들의 고

---

247 Carmody, 309-310.
248 Carmody, 310.

리대금업은 부富의 순환을 차단하였고, 결과적으로 가난한 이들의 인구를 증가시키고 공동체의 경제적인 체계를 파괴하는 현상으로 나타났다. 옵세르반테스 프란치스칸들은 이 상황을 매우 심각하게 받아들였다. 왜냐하면, 그들은 그리스도인 공동체와 시장 경제는 불가분의 관계에 있다고 보았기 때문이었다.[249] 더 나아가 옵세르반테스 프란치스칸들은 "시민 사회의 건강은 지속적이고 잘 규제된 부의 순환에 의존한다고 보았다."[250] 그러나 유대인 고리대금 업자들은 독특한 혼인 체계와 인맥을 이용하여 자신들의 은행에 저당 잡힌 공동체의 재산을 공동체 바깥의 다른 지역으로 내보냈고,[251] 또한 40%~80% 초고리 대출로 사회에 예기치 않은 파괴적인 가난 문제를 발생시켰다. 따라서 옵세르반테스 프란치스칸 형제들은 초저리 대출 은행인 몬테스 피에타티스MONTES PIETATIS의 대출 활동을 통하여 반-사회적이고 반-공동체적인 고리대금 업자들로부터 발생한 가난의 문제를 해결하고자 하였고, 더 나아가 고리대금 사업 자체를 파괴하고자 하였다.

첫 번째 몬테스 피에타티스는 1462년 스폴레토의 케루비노(CHERUBINO OF SPOLETO)라는 프란치스칸이 페루자에 설립한 것이었다.[252] 이

---

249 Zamagni, 「Globalization: Guidance from Franciscan Economic Thought and Caritas in Veritate」, 98.
250 Todeschini, 172.
251 Todeschini, 169.
252 Todeschini, 173.

후 몬테스 피에타티스는 15세기 후반과 16세기 초반에 걸쳐 옵세르반테스 프란치스칸의 주도와 행정 당국의 협조로 급속도로 확산하였다.²⁵³ 1473년에는 밀라노와 볼로냐에, 1492년에는 라벤나에, 1539년에는 나폴리에, 1472년에는 시에나에, 1539년에는 로마에도 설립되었다.²⁵⁴ 유대인 대출 은행이 40~80%의 고금리를 매겼지만, 몬테스 피에타티스는 4~12% 사이의 이자만 요구하였다.²⁵⁵ 처음에는 무이자 체계를 시도하였지만, 몬테스 피에타티스의 지속적이고 안정적인 운영을 위하여 약간의 이자를 부과하는 체계로 정착하였다.²⁵⁶ 1463년부터 1515년까지 무려 "66명이 넘는 옵세르반테스 프란치스칸들이 몬테스의 설립에 관여하였다."²⁵⁷

이 은행 설립과 관련하여 가장 중요한 인물은 펠트레의 베르나르디노(1439-1494)이다. 그는 1484년까지는 몬테스 피에타티스의 창립에 전혀 관여하지 않았지만, 그의 생애 마지막 10년간 무려 30개의 몬테스 피에타티스를 설립하였다.²⁵⁸ 그는 또한 몬테스 피에타티스의 기능이 단순히 개인이 가난한 사람들에게 행하는 자선보다

---

253 Todeschini, 175.

254 Federico Arcelli, 『Banking and Charity in Sixteenth-Century Italy: The Holy Monte di Pietà of Rome (1539-84)』, Leicestershire, Upfront Publishing, 2003, xvii.

255 Warner, 417.

256 Zamagni, 「Globalization: Guidance from Franciscan Economic Thought and Caritas in Veritate」, 99.

257 Warner, 417.

258 Warner, 416.

더 훌륭한 이유를 다음과 같이 체계적으로 설명하였다. (1) 개인들의 개별적인 실천보다는 한 기관의 실천이 더 우월하다. (2) 이미 여러 장소에 많은 수의 몬테스 피에타티스가 퍼져 있고, 이는 곧 몬테스 피에타티스가 가난한 이들에게 더 접근성이 좋다는 것을 증명한다. (3) 영원한 생명을 얻기 위하여 교회의 화려한 장식을 위하여 기부하는 행위보다, 몬테스 피에타티스의 활동이 훨씬 더 효과적이고 실질적이다. (4) 몬테스 피에타티스의 목적과 본성은 공동선이고, 따라서 이 공동선을 추구하는 몬테스 피에타티스의 활동이 단순한 개인적인 자선 행위보다 훨씬 더 우월하다.[259]

몬테스 피에타티스는 뚜렷이 구별되는 두 가지 개념, 즉 이 지상에서의 자본의 필요성과 다음 세상에서의 구원에 대한 약속이라는 두 개념을 효과적으로 끌어안았다.[260] 즉, 몬테스 피에타티스의 설립을 위해서는 적지 않은 초기 자금이 필요했는데, 프란치스칸들은 지상에서 가난으로 고통받는 이들의 구원을 위하여 다음 세상에서의 구원을 약속하며 부자들의 연민과 동정에 호소했던 것이다. 또한, 15세기 프란치스칸들에게 상당히 친숙하였던 '고뇌의(슬픔의) 그리스도(IMAGO PIETATIS/ MAN OF SORROWS)'를 그린 깃발이나 그림이 몬테스 피에타티스의 활동에 굉장히 중요하게 사용되었는데, 이는 기금 모

---

259 Zamagni, 「Globalization: Guidance from Franciscan Economic Thought and Caritas in Veritate」, 99.

260 Catherine R. Puglisi and William L. Barcham, 「Bernardino de Feltre, the Mote di Pietà and the Man of Sorrows: Activist, Microcredit and Logo」, 『Artiness et Historiae』, Vol.29. No. 58 (2008), 37.

금 활동에서도 그렇고 몬테스의 일상적인 활동 자체에서도 그러하였다. 다음에 소개되는 이야기는 펠트레의 베르나르디노가 새로운 몬테스 피에타티스를 설립하면서 '고뇌하는 그리스도' 상징을 효과적이면서도 상징적으로 사용하는 이야기를 전해준다.

> 베르나르디노는 고개를 들어 '고뇌하는 그리스도'를 응시하였다. 그리고 예전의 유대인 대출 은행을 향하여 꾸불꾸불한 행렬을 천천히 이끌었다. 목적지에 이르러 베르나르디노는 깃발을 내려놓고 예전의 유대인 대출 은행이 이제 새로운 몬테스 피에티타스가 되었다고 선포하였다.[261]

이 짧은 이야기는 옵세르반테스 프란치스칸들이 자금을 모금하던 방법, 유대인 고리대금 업자들에 대한 그들의 태도, 몬테스 피에타티스의 목적 등 많은 내용을 함축하고 있다.

    몬테스 피에타티스는 비자발적으로 내몰리거나 억눌린 가난을 제거 혹은 제한하는 활동을 통하여 더욱더 지속 가능하고 형제적인 경제 공동체를 실제적인 방법으로 현실화하였다. 이는 곧 공동체에 속한 모든 이들이 경제 활동에 참여할 수 있도록 하는 노력이었다. 몬테스 피에타티스의 또 다른 역할은 공동체의 부와 부자들의 여유로운 재산을 공동체 안에 순환시킴으로써 분배 정의를 촉

---

261   Puglisi and Barcham, 56.

진, 실행하였다는 점이다. 옵세르반테스 프란치스칸들에게 있어서 건강한 경제는 곧 "부의 끊임없는 순환"[262]에 달려 있었기 때문이었다.

이러한 프란치스칸들의 노력과 실천, 즉 부자와 가난한 이들, 그리고 사회 전체를 경제적으로 이롭게 하고자 하였던 노력과 실천이 당대의 사람들 누구에게나 환영받은 것은 아니었다. 가장 먼저, 그리고 가장 강력하게 반대하고 나섰던 이들은 당대의 도미니코회 수도자들이었다. 도미니칸들은 대출의 목적이 무엇이든 간에 조금이라도 이자를 받는다면 무조건 '고리대금'이 성립된다고 주장하였다. 도미니칸들은 가난한 이들에게 주어지는 금전적인 혜택은 하느님의 이름으로 주어지는 선물이어야만 한다고 주장하였다.[263] 그러나 1515년의 교황의 선언으로 프란치스칸 경제 이론이 도미니칸의 반대를 이기고, 교회 안에서 정식으로 승인받게 되었다. 교황 레오 10세는 자신의 회칙 『인테르 물티플리체스INTER MULTIPLICES』를 통하여 몬테스 피에타티스의 대출 활동과 그 이자 수입을 승인하면서 고리대금에 대한 정의를 새롭게 하였다. 즉, 자본이 대출되어 그 자본이 노동과 노력과 위험에 관련되어 쓰인다면 합법적으로 이자를 받을 수 있다고 정의한 것이다.[264] 이렇게 13세기부터 올리비가 준비하고, 후대 프란치스칸들에 의해서 연구되고 실행된 프란치스칸

---

262   Todeschini, 177.
263   Arcelli, xviii.
264   Wood, 204.

경제 이론이 16세기에 이르러 마침내 교회의 공식적인 승인을 받게 되었다.

결론: 요약

중세 프란치스칸들이 당대의 사회 경제 문제에 응답함에 있어 그 모든 문제와 해법을 관통하는 영적이고 실제적인 원칙은 **자발적 가난**이었다. 프란치스칸들이 체험한 하느님은 당신의 지극히 거룩한 가난 안에서 끊임없이 자기 자신을 우리에게 내어주시는 분이었고, 따라서 그들에게 있어서 이 가난은 이 세상의 핵심적인 원리로 체험되었다. 따라서 프란치스칸들은 수도생활 안에서뿐만 아니라 사회 경제 체계 안에서도 이 가난의 가치를 현실화시키고 구체화 시키고자 노력하였다. 그들에게 있어서 자발적 가난은 한 개인의 완성을 위한 개인적인 종교 생활 계획이 아니었다. 가난은 모든 사람을 위한 효과적인 사회 경제 프로그램,[265] 즉 모든 사람과의 올바른 관계를 증진하고 사회 구성원 전체를 위하여 부富의 순환을 이루어 내는 하나의 사회 경제 프로그램이었다. 프란치스칸들은 바로 이런 방법으로 "소유는 불필요하고 오직 재화와 부의 사용만이 필요하다"[266]는 프란치스칸적 가난의 철학에 기반을 둔 프란치스칸 경

---

265 Zamagni, 「Catholic Social Thought, Civil Economy, and the Spirit of Capitalism」, 68.
266 Zamagni, 「Catholic Social Thought, Civil Economy, and the Spirit of Capitalism」, 68.

제를 구체화 및 현실화하였다. 이러한 프란치스칸 경제 원리는 더 많은 경제적 부富가 더 쉽게 순환될 수 있도록 하였고, 따라서 사회의 구성원들, 특히 가난한 이들은 이렇게 순환 중인 재화에 더 쉽게 접근할 수 있었다.

프란치스칸들은 가난이라는 종교적인 개념을 경제적인 개념으로 사회에 적용하면서 자연스럽게 그들의 하느님 관과 세상 관에 기초한 **공동선**을 추구하게 되었다. 왜냐하면 프란치스칸들의 '가난'은 모든 것들이 근원이신 '지극히 선하신 하느님'에게서 흘러나온 삶의 프로그램이었기 때문이었다. 이 세상의 모든 것과 모든 이는 하느님의 선함으로 창조되고 지탱되고 있다. 따라서 사람을 포함한 모든 사회 경제적 단위체들 역시 이러한 하느님의 사랑과 선을 드러내야 하는 것은 당연한 이치일 것이다. 더 나아가 옵세르반테스 프란치스칸들은 '공동선'을 공동체의 모든 구성원을 관계시키는 선으로 정의하였다. 따라서 공동선은 모든 사회 구성원들이 누리는 관계의 선, 그리고 공동 삶에 적합한 선을 의미한다.[267] 사실 공동선이라는 개념을 경제적 담론 안에서 처음 이야기한 사람들 역시 옵세르반테스 프란치스칸들이었다.[268] 따라서 프란치스칸들은 더욱더 포괄적이고 형제적인 공동체를 구성하는 요소들인 사회 정의, 경제

---

267 Zamagni, 「Globalization: Guidance from Franciscan Economic Thought and Caritas in Veritate」, 88.

268 Zamagni, 「Globalization: Guidance from Franciscan Economic Thought and Caritas in Veritate」, 88.

정의, 보조성의 원리, 연대의 원리 등을 증진하고 발전시켜 나갔다. 동시에 프란치스칸들은 공동선 증진과 형제적 사회 경제 공동체 건설이라는 원칙에 따라 돈, 이익, 시장, 상인 등의 경제 개념들도 재정립하였다. 이렇게 자발적 가난의 원리와 공동선의 증진은 사회의 모든 구성원을 경제 활동 안으로 다시 포함했으며, 이는 결과적으로 개인들의 존엄한 생활과 공동체의 공동선을 더 강화했다. 몬테스 피에타티스의 활동이 바로 그 탁월한 예라고 할 수 있겠다.

사유 재산은 모든 개인의 존엄한 삶을 위하여 인간 실정법으로 제정되었다고 보았다. 따라서 모든 이들은 자신의 존엄한 삶을 누릴 권리가 있으며, 사유 재산은 마땅히 보호되어야 한다. 그러나 사유 재산이 자연법이 아닌 인간 실정법에 따라서 제정되었다는 이해는 사유 재산의 본질이 여전히 변화 가능한 '우연적'인 것임을 암시한다. 따라서 우리가 소유하고 사용하는 모든 재화가 사실은 우리의 것이 아니라 하느님의 것이며, 따라서 하느님의 뜻과 공동선을 위해서 사용되어야 함이 늘 강조되어야 할 것이다.

프란치스코와 초기 형제들은 **돈**의 긍정적인 면을 보는 데에 무척 주저하였지만, 후대 프란치스칸들은 단순한 돈에서 **자본**을 분리함으로써 돈 자체를 재평가하였다. 자본은 공동선을 위한 사회적인 부를 창출할 수 있는 종잣돈으로 이해되었다. 더 나아가 프란치스칸들은 이러한 자본이 공동선을 위한 상업 활동을 위하여 대출될 경우 이자를 받을 수 있다고 보았다. 바로 이런 맥락에서 프란치스칸들은 가난한 이들을 위한 '초저리 대출 은행'을 운영하기에 이른다. **몬테스 피에타티스**라고 불린 이 은행은 프란치스칸 공동선이라는 개념과 자본이라는 경제 이론이 결합하여 탄생한 것으로서 가난한 사람들이 다시 사회의 경제 활동 안으로 복귀할 수 있도록 도왔고, 동시에 부자들의 재산과 부가 '정의'와 '순환'이라는 건강한 경제 체계 안으로 들어올 수 있도록 하였다.

자본이 아닌 단순한 돈을 대출하여 막대한 이자를 취하던 **고리대금**은 엄격하게 금지되었다. 왜냐하면, 이 고리대금업이 가난한 사람들을 더 가난하게 만들었고, 가난한 사람들의 인구를 급증시켰으며, 부의 자연스러운 순환을 막았기 때문이었다.

프란치스칸들은 **상인**과 그들의 기능 또한 정당화하였다. 상인들은 자신의 노력과 위험 감수를 통하여 공동체 안으로 상품을 조달하는 중요한 사회 경제 구성원으로 이해되었고, 또한 그들이 가진 가격 결정 능력은 공동체에 필수적인 것이었다. 따라서 상인들이 단순히 생계를 유지하는 차원을 넘은 수익을 취하는 것도 허락되었다. 더 나아가 "상인이 자신의 재산과 부를 공동선을 위하여 사용한다면 그 상인의 활동은 적법했을 뿐만 아니라 도덕적으로도 고결한 것"으로 이해되었다.[269]

시장의 기능 역시 매우 중요한 것으로 이해되었다. 왜냐하면, 시장을 통하여 상품 공급이 이루어졌고, 공동체를 위한 부의 순환이

---

269 Zamagni, 「Catholic Social Thought, Civil Economy, and the Spirit of Capitalism」, 71.

가능하였기 때문이며, 이는 곧 공동선의 강화라는 결과로 나타났기 때문이다. 사실 공동선이야말로 시민 시장 경제의 목적이었다.[270]

요약하자면, 중세 프란치스칸들은 당대의 경제 체제나 경제적 요소들을 단죄하거나 거부하지 않았다. 반대로 더욱더 포괄적이고 형제적이며 지속 가능한 경제 공동체 건설을 위한 시장, 상인, 자본, 이익 등의 경제 요소들의 기능과 가능성과 그 중요성을 알아보았다. 이렇게 프란치스칸들은 애덕의 경제와 이익 경제를 효과적으로 통합하였고, 따라서 새로운 형제적 프란치스칸 경제 체계를 증진하였다. 이들은 실로 경제 전문가들이었고, 진정한 의미의 **첫 번째 자본주의자**들이었다.[271] 왜냐하면, 공동선을 위한 자본, 상인, 시장의 기능과 의미를 제대로 알아보았고, 그것을 실물 경제에 적용하였기 때문이었다.

중세 프란치스칸들에 의하여 발전된 이러한 경제적 함축과 적용은 오늘날 경제에도 충분한 의미를 지니고 있고 적용 가능한 부분도 상당히 있다고 생각된다. 오늘날 많은 부분 왜곡된 현대 경제에, 더욱더 정의롭고 평화적이며 포괄적이고 형제적인 사회 경제적 대안이 필요하다는 데에 많은 사람이 공감하고 있다. 이제 지금까지 살펴본 프란치스칸 영성과 경제 전통을 어떻게 현시대에 적용할 수 있을지에 대해서 살펴보도록 하겠다.

---

270 Zamagni, 「Catholic Social Thought, Civil Economy, and the Spirit of Capitalism」, 71.
271 Todeschini, 7.

| 제3장 |

보다 더 형제적인 경제 공동체 건설을 위하여

❖

　두 차례의 세계 대전과 동서 냉전 시대의 종식을 거치면서 우리 전체 인류는 극적인 경제 성장을 체험해 왔다고 말할 수 있다. 이 경제 성장으로 인해서 수많은 인구가 경제적 수혜를 입어 온 것도 사실이다. 교황 베네딕토 16세도 역시 "세계의 부가 절대 수치에서 증가"[272]하였다고 확인하였다. 이러한 경제 발전은 새로운 기술 발전과 결합하여 과거 인류를 위협하고 제한하던 많은 폐단도 제거하면서, 인류 삶의 질을 높이는 결과를 가져왔다.[273] 그러나 동시에 우리 전체 인류는 "배척과 불평등의 경제"[274]를 고통스럽게 목격하고 있는 것 또한 분명한 사실이다. 현대의 경제는 가장 기본적인 윤리와 하느님을 배제한 채로 오직 이윤 극대화라는 파괴적인 원칙만으로 운영되고 있는 듯하다.[275] 결과적으로 우리가 현대 경제 사회에서 체험하고 있는 바는 불행하게도 배척의 만연, 약탈, 불평등 등이라

---

[272] 교황 베네딕토 16세, 『진리 안의 사랑』, 22항, 서울, 한국천주교중앙협의회, 2009, 35.

[273] 교황 프란치스코, 『찬미받으소서』, 102항-103항, 서울, 한국천주교중앙협의회, 2015, 82-83.

[274] 교황 프란치스코, 『복음의 기쁨』, 53항, 서울, 한국천주교중앙협의회, 2014, 53.

[275] 교황 프란치스코, 『복음의 기쁨』, 57항, 56.

고 할 수 있겠다.

    이제 이 마지막 장에서는 앞서 제1장과 제2장에서 다루었던 내용에 기초하여, 보다 더 포용적이고 형제적이며 지속 가능한 프란치스칸 경제 대안을 제시하도록 하겠다. 이를 위하여 우선 현대 경제의 중요한 문제들을 나열하고 분석할 것이다. 그리고 최근의 교황 가르침들 역시 프란치스칸 전통에서 현대 사회 경제 문제에 대한 해법을 찾고 있음을 논하게 될 것이다. 마지막으로 두 가지 프란치스칸 경제 해법을 제안하게 되는데, 그 첫 번째는 '통합적 회개'의 요청이고, 두 번째는 실제적인 경제적 해법으로서 '프란치스칸 사회적 기업'의 제안이다. 이 마지막 장을 통하여 우리 모두가 그리스도인으로서 또한 프란치스칸으로서, 다른 모든 이들과 피조물들과 올바른 사회 경제적 관계를 만들어 나갈 수 있을 것이라 믿는다. 또한, 더 나아가 사회적 기업의 요소들과 프란치스칸 전통의 중심 요소들을 결합한 우리만의 창조적인 경제 해법을 찾아갈 수 있을 것이다.

현대 경제의 주요 문제점

오늘날 많은 경제 관련 지표들은 현대의 경제 체계가 모든 이들을 위한 진정한 번영을 가져오는 데에 실패하였음을 분명히 증명하고 있다. 개발 도상 국가들의 경우 인구의 약 오분의 일이 매일 1.25달러 이하의 돈으로만 생계를 유지하고 있다. 2013년, 매일 32,000명의 사람이 갈등과 반목과 전쟁을 피해 고향을 등지고 새로운 곳으로 떠나는 난민의 삶을 살아야 했다.[276] 전 세계 인구 중 7억 8천만 명의 성인과 1억 2천만 명의 청소년이 문맹 상태에 머물러 있고, 그들 중 60%가 여성이다.[277] 2013년 기준으로 볼 때 약 300,000명의 여성이 임신이나 출산과 관련된 문제로 사망하였다.[278] 이러한 숫자들이 우리에게 이야기하는 바는 전 세계적으로 광범위하게 퍼진, 특히 개발 도상 국가들에서 두드러지게 나타나는 경제적 불평등, 부당함, 배척 등이라고 할 수 있겠다. 사실 전 세계 수입의 94%가 상위 40%의 인구에 집중되어 있고, 나머지 60%의 인구는 전 세계

---

276 United Nations, 『The Millennium Development Goals Report 2014』, New York, United Nations, 2014, 8.
277 United Nations, 16.
278 United Nations, 28.

수입의 6%에 의존해서 살고 있다.[279]

선진국들도 역시 현대 경제 체계로부터 고통받고 있는 것은 피해갈 수 없는 사실이다. 예를 들어 미국의 경우 점점 더 많은 수의 사람들이 재정적인 가난에 빠지고 있는 현실이다.[280] 2008년의 금융위기 이후 미국의 많은 근로자의 고용 상태가 '불완전 고용'이나 '잘못된 고용' 상태로 바뀌었다.[281] 아시아에서 발전된 나라 중 하나로 꼽히는 한국의 경우, 가계부채가 가까운 미래에 엄청난 경제 충격을 가져다줄 것으로 예견된다. 2014년 통계를 볼 때, 전체 가계부채의 양이 GDP의 76%에 이르고 2008년 이후 무려 15%나 증가한 것으로 나타났다. 가계부채 증가 비율은 가계 수입 증가 비율을 이미 넘어섰고, 수많은 한국인이 자신이 벌어들이는 수입으로 부채에 대한 이자만 겨우 막고 있는 형편이다.[282] 이처럼 많은 수의 미국인들과 한국인들이 벌어들이는 수입보다 더 많은 지출을 하며 살고 있다. 즉, 많은 사람이 일종의 경제적인 거품 안에서 살고 그 안에서 자신들의 경제 활동을 하고 있는 것이다. 이 거품은 결코 실제적

279　Muhammad Yunus, 「Creating a World Without Poverty: Social Business and the Future of Capitalism」, 『Global Urban Development Magazine』 (November 2008), 16.

280　Yunus, 17.

281　David Couturier, 『Franciscans and Their Finances: Economics in a Disenchanted World』, New York, Franciscan Institute Publication, 2015, 19.

282　Jeremy Lee, 「The Speed and Trajectory of Household Debt in South Korea」, 『Federal Reserve Bank of San Francisco』, September 11, 2015, http://www.frbsf.org/banking/programs/asia-program/pacific-exchange-blog/trajectory-south-korea-household-debt-to-gdp (accessed Feb 4, 2016).

인 부富로 간주되지 않는다. 그러나 이 거품이 깨지거나 사라질 때는 실물 경제와 부에 엄청난 폭발적인 타격을 가져다줄 수 있다. 이미 전 세계가 쓰라리게 체험하였듯이, 이는 2008년 미국발 금융위기를 통해서 증명되었다고 볼 수 있다.

교회 역시 현대 경제와 그 파괴적인 결과들에 대하여 깊은 우려를 표명해 왔다. 예를 들어 교황 프란치스코는 『복음의 기쁨』과 『찬미받으소서』를 통하여 현재 전체 인류와 피조물이 당면한 주요 문제들을 다음과 같이 나열하고 설명한다. 소비주의 문화는 이제 인간마저 소모품으로 취급하고 있고,[283] 가난한 이들은 현대 경제 체제 안에서 배제되고 있으며,[284] 세계화를 통하여 각 지방과 국가의 고유한 문화가 사라지고 있고,[285] 대도시에 사는 사람들은 고립을 체험하며,[286] 인신매매, 학대와 착취, 부패와 범죄 등의 문제는 여전히 발생하고 있고,[287] 우리의 쓰고 버리는 문화는 환경에 치명적인 공해를 발생시키고 있으며,[288] 지구 온난화는 지구 상의 모든 생명, 특히 가난한 이들의 생명을 위협하고 있고,[289] 인간의 무분별한 경제 활동

---

283   교황 프란치스코, 『복음의 기쁨』, 53항, 54.
284   교황 프란치스코, 『복음의 기쁨』, 57항, 57.
285   교황 프란치스코, 『복음의 기쁨』, 62항, 60.
286   교황 프란치스코, 『복음의 기쁨』, 74항, 68.
287   교황 프란치스코, 『복음의 기쁨』, 75항, 69.
288   교황 프란치스코, 『찬미받으소서』, 22항, 26-27.
289   교황 프란치스코, 『찬미받으소서』, 23-25항, 27-29.

으로 인하여 많은 종의 동식물들이 멸종하고 있다.[290]

이처럼 지금 우리가 체험하고 살아가고 있는 현대 경제 사회는 많은 면에서 심각하게 왜곡되어 있고, 일부 인류 공동체에 있어서는 환멸적인 경제라고까지 말할 수 있겠다. 이 경제는 사람들을 더 가난하고, 더 배척되고, 더 내몰리게 하며, 나아가 전체 피조물마저 그 생존의 위험에 빠지게 하고 있다. 이러한 문제들은 모두 단기 이윤 극대화라는 원칙에 따라 돌아가는 현대 경제 체계에 기인한다고 볼 수 있다. 이윤 극대화 경제 체제는 자연스럽게 경제 제국주의(경제 세계화), 환경 문제, 소비주의 등의 파괴적인 문제들을 생산하고 있다. 이러한 문제점의 뿌리에는 경제, 번영, 공동선의 진정한 의미에 대한 자각 부족이 있다고 생각한다.

계속해서 강조해서 논하고 있듯이, 현대 경제는 여러 가지 소중한 인간적인 가치들을 희생시키면서까지 금전적인 이윤만을 추구해 왔다. 금전적 이윤이 이미 모든 경제 활동의 첫 번째, 그리고 가장 중요한 목표가 되었음에는 재론의 여지가 없다. 그러나 중세 후반, 즉 프란치스칸들이 경제 분야에 관여하였던 시기, 서유럽과 중유럽 사회는 공동선의 원칙에 따라 운영되는 '시민 시장 경제'를 누리고 있었다. 시민 시장 경제 체제는 공동체 자체를 하나의 연대 망網으로 보았고, 그것을 소중히 여겼으며, 인간의 존엄성을 추구하였던 경제였다. 그러나 16세기 후반 이후 이러한 시민 시장 경제는 점차 '자

---

290   교황 프란치스코, 『찬미받으소서』, 33-35항, 33-35.

본주의 시장 경제'로 대체되어 갔다. 자본주의 경제 체제는 공동선이 아닌 '전체선(TOTAL GOOD)', 즉 '이윤'이라는 원칙으로 운영되는 경제를 말한다. 스테파노 쟈망니는 전체선에 대하여 다음과 같이 설명한다. "전체선은 대수代數 적인(ALGEBRAIC) 총합과 같다. 여기서는 가수加數, 즉 더해진 숫자만이 개별 당사자들의 선을 대표한다." 또한 "어떤 개별 집단의 가수加數가 0 혹은 손해가 나더라도 전체 집단의 선, 즉 전체선은 여전히 긍정적으로 남아있을 수 있다."[291] 따라서 전체선은 인간을 어떤 하나의 특별한 기능이나 효용성을 지닌 고립된 개인으로 파악한다.[292] 반면 공동선은 인간의 존엄성을 희생시키지도 않고, 인간이 가지고 있는 관계성이라는 본성 역시 거부하지 않는다. 이제 서구 경제는 이러한 전체선과 이윤 극대화라는 원칙과 논리에 따라, 산업 혁명을 거치면서 '자본 공급자'와 '노동 공급자'를 철저하게 구분하기 시작하였다.[293]

이러한 이윤 극대화 경제는 오늘날에 와서 더 강화되고 확산되었으며, 모든 경제 주체들에게 오직 금전적 부의 축적만이 진정한 발전으로 오인하도록 잘못 인도하고 있다. 따라서 이러한 경제 체계는 인간 기본권, 공동체로서의 사회, 환경, 경제 주체들 간의 올바

---

291 Zamagni, 「Catholic Social Thought, Civil Economy, and the Spirit of Capitalism」, 72.
292 Zamagni, 「Catholic Social Thought, Civil Economy, and the Spirit of Capitalism」, 72.
293 Zamagni, 「Catholic Social Thought, Civil Economy, and the Spirit of Capitalism」, 72.

른 관계 정립 등 돈보다 훨씬 더 중요한 가치들을 무시하고 파괴해왔다. 따라서 교황 프란치스코는 지금의 경제를 "배척과 불평등의 경제"[294]라고 단호하게 선언하며, 작금의 파괴적인 경제로 인하여 수많은 사람이 배척되고 소외되고 있고, 그들에게는 일자리도, 희망도, 현실을 벗어날 방법이 없으며, 이들은 사실 착취된 이들이 아니라, 쫓겨난 이들, 즉 버려진 사람들이라고 우리의 경각심을 일깨운다.[295] 금전적인 성장이 더욱더 지속 가능한 공급과 안정된 경제를 가져다줄 것이라 공언하던 이른바 기업 성장 위주의 '낙수 효과'는 서민 경제 층의 사람들에게 결코 수혜를 가져다준 적이 없다. 오히려 반대로 강한 자들을 더 강하게 하고 힘없는 사람들에게는 더 큰 희생을 강요하였다.[296] 힘 있는 사람들에게나 힘없는 사람들에게나 모두 돈이 인생의 최종 목적이 된 듯하고, 이는 결국 전체 사회 구조에 심각한 피해를 가져왔다. 왜냐하면, 진정한 발전을 위해서는 참된 윤리와 하느님에 대한 자각이 있어야 하는데,[297] 돈이 목표가 되는 인생철학 안에는 그러한 자각이 있을 수 없기 때문이다.

이러한 이윤 극대화 시장 경제의 중심에는 '기업'들이 있다. 오늘날 많은 기업은 실제적인 지혜가 아닌 이윤의 논리로만 운영되고

---

294 교황 프란치스코, 『복음의 기쁨』, 53항, 53.
295 교황 프란치스코, 『복음의 기쁨』, 53항, 54.
296 교황 프란치스코, 『복음의 기쁨』, 53-54항, 53-55.
297 교황 베네딕토 16세, 11항, 21.

있다.[298] 따라서 이들은 오직 자기 자신만을 위해 봉사하는 잘못을 통하여 기업의 본래 의미와 기능을 왜곡하고 있다. 기업은 중요한 공적인 기능을 수행하기 위하여 창조된다. 왜냐하면, 기업은 상품과 서비스의 효율적인 생산, 더 나아가 부富를 생산해 내는 증명된 가능성을 지니고 있기 때문이다.[299] 다른 말로 하자면, 기업의 소명은 공동선에 이바지하는 것이고, 최소한 '개별적인 부의 축적'이라는 틀이 아닌 '공동선'이라는 틀 안에서 일해야 한다. 이것이 바로 중세 프란치스칸들이 추구하였던 바이다. 중세 프란치스칸들은 상인들과 그들의 상업 활동이 공동선의 논리에 따라 언제나 그들의 공동체에 이바지하고 봉사할 수 있도록 이끌었다. 바로 이런 방법으로 프란치스칸들은 상업 활동 혹은 '기업'의 활동과 기능을 통하여 사회의 모든 구성원을 끌어안는 형제적 공동체(FRATERNITY) 혹은 형제적인 경제를 만들어 나가고자 노력하였다. 그러나, 오늘날 많은 대기업의 경우 그들의 공적인 역할에 대한 분명한 자각도 부족할 뿐 아니라, 그들의 엄청난 크기와 권력을 통하여 자본 투기, 경제 거품, 노동 착취, 불완전 고용 등의 문제를 양산하고 있으며, 이는 결과적으로 사회 파괴라는 심각한 문제로 드러나고 있다.

더 나아가 일부 대기업의 국제화된 구조는 전 세계적인 자유 시장 체계를 추구하며, 결과적으로 전 지구적 불평등, 반목, 환경 문제

298　Gunnemann, 302.
299　Gunnemann, 303.

등을 일으키고 있다. '경제적 세계화'는 반드시 전체 지구 구성원들에게 유익하게 공헌해야만 하고 또 그렇게 할 수 있다. 국가 간 경계를 뛰어넘는 경제적 세계화를 통해 기업들은 국가 간 교역을 더 활발하게 할 수 있고, 또한 지속적인 전 지구적 자본의 순환을 가져올 수 있다. 이를 통하여 더 가난한 국가나 지역의 사람들 역시 부를 취할 수 있다.[300] 그러나 단기 이윤 극대화라는 원칙에 따라 추진되는 경제적 세계화는 결국 정반대의 방향으로 나아가고 있다. 이에 관하여 교황 베네딕토 16세는 다음과 같이 말한다.

> 세계화된 시장은 무엇보다도 잘사는 나라들이 상품의 가격을 낮추고 구매력을 증대시켜 내수 시장의 소비 증가를 통하여 성장률을 제고하려는 목적에서 저비용으로 생산 하청을 줄 수 있는 지역을 찾도록 조장하였습니다. … 이러한 과정은 세계 시장에서 경쟁력 강화를 추구하는 대가로 사회 보장 제도의 축소를 야기하여 노동자의 권리, 기본적인 인권, 전통적인 사회 국가와 관련된 연대성을 심각하게 위협하는 결과를 초래하였습니다.[301]

이러한 경제 체제는 또한 심각한 '환경 문제'를 일으키고 있다. 예를 들어 우리 인간들의 잘못된 경제 행위를 통해 야기된 전 세계

300　Yunus, 17.
301　교황 베네딕토 16세, 25항, 39.

적인 기후 변화는 전체 지구 가족, 그중에서도 특별히 가난한 사람들에게 심각한 부정적인 영향을 주고 있다. 예전보다 더 자주, 예상하지 못한 파괴적인 폭풍이 전 세계 여기저기서 발생하고 있고, 일부 지역에서 나타나는 뚜렷하게 변화된 기후는 해당 지역의 전통적인 삶의 방법마저도 위협하고 있으며, 바다의 화학적 성질의 변화는 수산 식량 자원의 대폭 감소로 나타나고 있고, 저지대 지역은 이미 해수면 상승으로 인한 피해와 영향을 직접 체험하고 있다. 이 모든 문제는 지금 우리가 즉각적인 행동을 취하지 않는다면 전 세계의 생태계가 파괴될 것임을 강력하게 경고하고 있다.[302] 기후 변화 피해자의 대부분은 일반적으로 가난한 지역의 가난한 사람들이다. 그래서 교황 프란치스코는 생태적인 방법론과 접근을 사회적 접근과 통합하는 전망을 제시한다. 생태 문제와 사회 경제 문제는 깊이 연결되어 있기 때문이다. 관련하여 교황 프란치스코는 다음과 같이 말한다. "오늘날 우리는 참된 생태론적 접근은 언제나 사회적 접근이 된다는 것을 깨달아야 합니다. 그러한 접근은 정의의 문제를 환경에 관한 논의에 결부시켜 지구의 부르짖음과 가난한 이들의 부르짖음 모두에 귀를 기울이게 해야 합니다."[303]

현대 경제가 일으키고 있는 또 하나의 부정적인 현상은 바로 급

---

302 Ilia Delio, Keith Dougalss Warner, and Pamela Wood, 『Care for Creation: a Franciscan Spirituality of the Earth』, Cincinnati, St. Anthony Messenger Press, 2007, 118-119.
303 교황 프란치스코, 『찬미받으소서』, 49항, 42.

격한 '소비주의'이다. 교황 요한 바오로 2세는 소비주의를 "일정한 사회 집단을 위해 온갖 물질 재화를 지나칠 정도로 확보해 주는 것," 그리고 "그것 때문에 사람들을 자칫하면 소유의 노예, 즉각적인 충족의 노예로" 만드는 상태로 정의한다.[304] 이러한 소비주의를 통하여 우리는 우리 자신에 대한 매우 좁고 잘못된 시각을 가지게 된다. 즉, 우리 자신을 정의함에 있어서 '나는 참으로 누구인가'라는 존재론적 접근보다는 '내가 벌 수 있는 것' 혹은 '내가 구매할 수 있는 것'과 '나'를 동일시하는 것이다. 이렇게 소비주의는 우리 인간들을 욕망의 대상으로 간주하고, 우리에게 더 많이 가지도록, 더 많이 소비하도록 잘못 이끌고 있다.[305] 또한, 소비주의는 이 세상의 모든 것들을 소비재로 취급할 뿐 아니라, 더 나아가 우리의 갈망, 인간의 가장 깊은 측면에서 볼 때 하느님이라고 이야기할 수 있는 우리 인간의 갈망마저도 물질화시키고 소비재로 만들어 버린다.[306] 따라서 소비주의는 친교와 일치의 가능성마저 파괴한다.[307] 왜냐하면, 소비주의는 하느님이 모든 것의 주인이라는 사실과 다른 모든 피조물과의 올바른 관계를 건설하는 형제적 공동체(FRATERNITY) 혹은 공동체라는 가치를 보지 않기 때문이다. 따라서 소비주의 문화가 사회 분열,

---

304　교황 요한 바오로 2세, 『사회적 관심(Sollicitudo Rei Socialis)』, 28항, 서울, 한국천주교중앙협의회, 1987, 40.
305　Couturier, 32.
306　Couturier, 32.
307　Couturier, 33.

고립, 약탈, 배척 등 다양한 형태의 문제들을 일으키고 있다는 것은 그다지 놀라운 일도 아니다. 교황 프란치스코는 소비주의에 관하여 다음과 같이 일침을 가한다. "소비 지향적 생활 양식에 대한 집착은 … 폭력과 상호 파괴만을 가져올 뿐입니다."[308]

위에서 설명한 모든 경제 문제들은 경제, 발전, 공동선의 참된 의미에 대한 자각 결여에서 발생한 것으로 생각한다. 영어에서 경제를 의미하는 단어는 'ECONOMY이코노미'이다. 'ECONOMY'의 어근은 'ECO-'인데, 이 단어는 '집'을 의미하는 그리스어 'OIKOS'에 그 뿌리를 두고 있다. 따라서 영어 단어 ECONOMY의 본래 의미는 '집의 관리'로 해석될 수 있다. 그러므로 경제는 기본적으로 집을 잘 유지하는 것을 의미한다. 더 나아가 그 집에 속한 여러 물건을 좋은 방법으로 관리하고 분배하며, 전체 가정을 잘 유지하고, 그 가족 구성원 모두에게 봉사하며, 전체 가정과 가족 구성원 모두가 함께 발전해 나갈 수 있도록 하는 것이 경제의 본뜻이라 하겠다. 더 나아가, "참된 인간 발전은 모든 차원의 인간 전체와 관련되어 있다."[309] 인간은 기본적으로 다차원적인 존재이다. 금전적 이윤 추구라는 맥락에서만 인간 발전을 바라보는 것은 인간이 가진 오직 한 가지 차원만을 반영할 뿐이다. 그런데 현대의 단기 이윤 추구 극대화 논리는 인간을 바로 그 차원, 금전적 이윤 추구라는 관점에서만 정의하고

---

308 교황 프란치스코, 『찬미받으소서』, 204항, 149.
309 교황 베네딕토 16세, 11항, 21.

있다.[310] 이런 종류의 경제는 당연히 인간 발전과 번영의 의미를 금전의 축적으로만 제한하여 볼 수밖에 없다. 통합적 인간 발전과 참된 번영은 인간이라는 가치를 가장 첫 번째 자리에 놓아야 하며, 돈으로는 획득할 수 없는 중요한 가치들을 포함하는 사회 경제 발전을 추구해야 한다. 참된 발전과 번영은 전적으로 금전적인 측면으로만 이해되고 측정될 수 없다.[311] 따라서 참된 경제 활동은 반드시 공동선의 원칙과 논리에 따라 수행되어야 한다. 교황 베네딕토 16세는 공동선을 다음과 같이 정의한다. "[공동선은] 개인, 가정, 중간 집단이 함께 모여 사회를 이루고 있는, 우리 모두의 선입니다. 공동선은 자기 자신이 아니라 사회 공동체에 속하는 사람들을 위하여 추구하는 선입니다."[312] 스테파노 쟈망니가 다음과 같이 이야기하듯이, 사실 경제의 모든 것은 궁극적으로 공동선에 관한 것이다. "시민 시장 경제의 목적은 공동선이다."[313]

---

310 Yunus, 26.

311 Andrew M. Yuengert, 「What is Sustainable Prosperity for All in the Catholic Social Tradition?」, 『The True Wealth of Nations: Catholic Social Thought and Economic Life』, ed. Daniel K. Finn, New York, Oxford University Press, 2010, 40-46.

312 교황 베네딕토 16세, 7항, 15.

313 Zamagni, 「Catholic Social Thought, Civil Economy, and the Spirit of Capitalism」, 71.

최근 교황 가르침에 나타나는
프란치스칸 사회 경제 해법에 대한 함축과 확인

    1891년에 반포된 교황 회칙 『새로운 사태(RERUM NOVARUM)』로부터 시작하여, 가톨릭 교회는 사회 경제 문제, 즉 노동자 문제, 사회 체계, 사회 발전, 사회적 질문들, 경제, 환경 문제 등에 관하여 꾸준히 고민하고 다루어 왔다. 가톨릭 교회 역시 심각하게 왜곡된 사회 경제적 맥락 한중간에 서 있고, 따라서 가톨릭 전통에 따라 잘못된 것들을 바로잡기 위해 노력해 오고 있다. 특별히 최근의 교황 가르침들, 『진리 안의 사랑(CARITAS IN VERITATE)』, 『복음의 기쁨(EVANGELII GAUDIUM)』, 『찬미받으소서(LAUDATO SI)』 등은 사회 경제 문제를 향한 영적이고 실제적인 해법과 관련하여 프란치스칸 전통에 큰 관심을 보인다. 즉, 교회도 역시 이 세상에 참된 발전을 이루기 위한 중요한 원천과 방편으로서 프란치스칸 전통을 깊이 있게 들여다보고 있는 것으로 여겨진다.

    우선 최근 교황 가르침은 '선善과 사랑이신 하느님'이라는 프란치스칸 하느님 관을 눈여겨보며 그 중요성을 확인한다. 앞서 제1장과 제2장에서 살펴보았듯이, '선과 사랑이신 하느님'이라는 주제는 우리의 모든 사회 경제적 태도와 접근을 지휘하며 올바른 길로 인도한다. 교황 프란치스코는 다음과 같이 말한다. "이 모든 기쁨은,

예수 그리스도 안에서 당신 자신을 드러내신 하느님의 무한한 사랑의 샘에서 다양한 방식으로 흘러나오옵니다."[314] 더 나아가 교황 프란치스코는 '하느님은 그로부터 모든 것이 흘러나오는 자기 자신을 나누는 자기 확산적인 선이며 따라서 자기 자신을 알려주는 자기 통교적인 선이다'라는 프란치스칸적 하느님 관을 다음과 같이 분명히 선언하고 확인한다. "하느님 아버지께서는 모든 것의 궁극적 원천이시고, 존재하는 모든 것의 토대가 되시어 **당신 자신을 알려 주는**[315] 자애로운 분입니다."[316] '모든 것의 원천이신 자기 통교적(자기 자신을 알려주는), 자기 확산적(자기 자신을 나누는) 삼위일체'라는 하느님 관은 프란치스칸적 사회 경제 태도 및 해법에서 중심적인 역할을 한다. 왜냐하면, 바로 이러한 하느님 이해로부터 모든 좋은 것을 다시 좋으신 하느님에게 온전히 돌려드리는 가난의 정신과 태도가 흘러나오고, 이 가난의 사회 경제적 실천이 곧 형제적 경제 공동체 건설로 구체화 되기 때문이다. 따라서 교황 프란치스코의 '자기 통교적 선이신 하느님'에 대한 집중은 결코 작은 부분일 수 없다.

또한, 최근 교황 가르침들은 '무상無償의 감사함(GRATUITAS)'이라는 프란치스칸적 인간 태도도 확인하고 있다. 제1장 결론에서도 언급하였다시피 이 '무상의 감사함' 혹은 '그라투이타스GRATUITAS'는 지극

---

314 교황 프란치스코,『복음의 기쁨』, 7항, 16.
315 한국어 본은 "당신 자신을 알려 주는"이라고 번역되어 있지만, 영어 본에서는 "self-communicating"이라고 표현되어 있다.
316 교황 프란치스코,『찬미받으소서』, 238항, 170.

히 높은 선이신 하느님에 대한 인간 편에서의 가장 적합한 응답이라 할 수 있다. 교황 베네딕토 16세는 『진리 안의 사랑』에서 이러한 '무상의 감사함'의 구체적인 실천이 참된 시장 경제와 공동체를 건실하냐고 다음과 같이 강조한다. "상거래 관계에서 형제애의 표현인 **무상성의 원칙**과 은총(증여)의 논리가 통상적인 경제 활동에 자리할 수 있고 또 그래야 한다는 것을 생각과 행동으로 보여 주는 일입니다."[317] 더 나아가 교황 베네딕토 16세는 '무상의 감사함' 없이는 경제 정의도 없다고 강조한다. 이에 관하여 교황은 다음과 같이 적는다. "세계화 시대에 경제 활동은 여러 경제 주체들 사이에 정의와 공동선에 대한 책임과 연대 의식을 촉진하고 확산시키는 **무상성**을 고려하지 않을 수 없습니다. … 오늘날에는 무상성이 없으면 정의가 실현될 수 없다는 것이 분명해졌습니다."[318] 또한, 그는 이 '무상의 감사'가 "여러 경제 주체들 사이에 정의와 공동선에 대한 책임과 연대 의식을 촉진하고 확산"[319]한다고 강조한다. 교황 프란치스코 역시 선대 교황 베네딕토 16세의 이러한 통찰에 뜻을 같이한다. 교황 프란치스코는 우선 무상의 감사함의 가치를 생태 위기 해결을 위한 공동체 회개라는 맥락 안에 놓으며 다음과 같이 이야기한다. "이러한 회개에는 여러 가지 태도가 필요한데 … 먼저 감사와

---

317 교황 베네딕토 16세, 36항, 58.
318 교황 베네딕토 16세, 38항, 60.
319 교황 베네딕토 16세, 38항, 60.

무상성의 태도가 있습니다."³²⁰ 바로 이런 맥락에서 무상의 감사함이라는 인간의 태도는 통합적이고 생태적인 그리스도인 회개 과정에서 가장 중요한 가치가 되는 것이다. 교황 프란치스코는 또한 무상의 감사로운 실천이 참된 공동체를 건설한다고 다음과 같이 강조한다. "형제애는 **대가가 없는 것**³²¹이어야만 하기에 … 바로 이렇게 **대가를 바라지 않는 것**에서, 우리가 통제할 수 없지만 바람과 태양과 구름을 사랑하고 받아들이게 됩니다. 이러한 의미에서 우리는 보편적 형제애를 논할 수 있습니다." 무상의 감사함이라는 인간의 태도는 자발적 가난의 실천이라고 불릴 수 있다. 왜냐하면, 우리는 무상의 감사함이라는 태도와 실천을 통해서 모든 좋은 것을 하느님과 가난한 이들에게 감사로이 돌려드리기 때문이다. 교황 베네딕토 16세와 교황 프란치스코 모두 확인하듯이 무상의 감사로움이라는 인간의 태도는 현대의 사회 경제적 문제들을 해결하는 열쇠로 이해해야 할 것이다. 왜냐하면, 바로 그러한 우리의 태도가 진정한 의미의 통합적 회개를 불러일으키고, 나아가 참된 경제와 형제적 사회를 건설하기 때문이다.

모든 피조물은 그 본성상 성사적이라고 가르치는 프란치스칸 피조물 관 역시 최근 교황들의 가르침에 의해서 다시 확인되고 있다. 교황 베네딕토 16세는 우리의 사회 경제적 태도를 안내하면서, 가

---

320 교황 프란치스코,『찬미받으소서』, 220항, 157.
321 한국어 번역본에는 '대가가 없는 것'으로 의역 되어 있지만, 라틴어 본에서는 gratuitus로, 영어 본에서는 gratuitous로 표현되어 있다.

장 먼저 하느님의 사랑에 근거한 피조물의 성사성에 대하여 이야기한다. "사랑은 교회의 사회 교리의 핵심입니다. … **모든 것은 하느님 사랑에서 나오고 사랑으로 모습을 갖추며 사랑을 지향**하기 때문입니다."[322] 환경 문제와 관련하여 교황은 환경과 인간 사이의 불가분의 긴밀한 관계에 집중하며 인간 생태학을 촉구한다. 왜냐하면 "교회는 무엇보다도 인류가 자멸하지 않도록 보호하여야"[323] 하기 때문이다. 이런 맥락에서 피조물과 인간의 관계, 피조물과 피조물 사이의 관계에서 명백하게 나타나는 '상호 의존성'의 중요성이 교회에 의하여 확인된 것이다. 환경 문제를 직접 다루고 언급하는 교황 프란치스코의 회칙 『찬미받으소서』 역시 하느님은 모든 존재의 가장 깊은 내면에 현존하신다고 선포하며 피조물의 성사성을 확인한다.[324] 성 프란치스코의 첫 번째 공식 전기 사가였던 토마스 첼라노는 프란치스코 성인의 생애 제1부, 29장에서 프란치스코가 가졌던 모든 피조물에 대한 사랑을 묘사하면서, 프란치스코가 피조물 안에서 발견하였던 것은 다름 아닌 '하느님의 말씀'이었다고 전한다. 때문에 토마스 첼라노는 같은 장 후반부에서 프란치스코가 하느님의 말씀이나 인간의 말에 대하여 대단히 공손한 태도를 보이는 장면을 묘사한다.[325] 그런데 교황 프란치스코 역시 같은 전기, 제

---

322   교황 베네딕토 16세, 2항, 10.
323   교황 베네딕토 16세, 51항, 82.
324   교황 프란치스코, 『찬미받으소서』, 80항, 66.
325   토마스 첼라노, 제1생애, 80-82, 143-146.

1부, 제29장의 맥락 안에 있는 문장을 인용하면서, 피조물이 하느님의 말씀을 담지 하고 있고, 하느님에 관하여 이야기를 하고 있음을 함축한다.[326] 피조물이 우리에게 이야기하는 것은 바로 하느님의 사랑이다. 교황 프란치스코는 다음과 같이 말한다. "물질세계 전체는 하느님의 사랑, 곧 우리에 대한 무한한 자애를 나타냅니다."[327] 또한, 교황 프란치스코는 모든 피조물은 우리 인간이 하느님에게 이르기 위한 사다리 역할을 한다는 보나벤투라의 피조물 전망을 다음과 같이 말한다. "그래서 우리는 창조된 것들에서부터 하느님의 위대하심에 그리고 그분의 사랑이 넘치는 자비에까지 이를 수 있는 것입니다."[328] 더 나아가 교황 프란치스코는 성 프란치스코의 「태양 형제의 노래」안에서 아름답게 함축되고 노래되고 있는 '상호 의존성'에 대한 개념을 '가톨릭 교회 교리서'를 인용하며 다음과 같이 확인한다: "이들은 다른 피조물에 의존하여 서로 보완하며, 서로에게 봉사하면서 살아간다."[329] 우리는 모두 상호 의존적이다. 우리가 상호 의존적이라는 말은 '너 없이는 살 수 없다'라는 말의 다른 표현일 뿐이다. 따라서 상호 의존성이라는 우리 모든 피조물의 본성은 다른 이들과 다른 피조물들이 가진 '생명 나눔의 본성'의 중요성에 눈뜨게 하고, 따라서 보다 더 조화롭고 포용적인 사회를 건설하도록 우

---

326 교황 프란치스코, 『찬미받으소서』, 11항, 18-19.
327 교황 프란치스코, 『찬미받으소서』, 84항, 68.
328 교황 프란치스코, 『찬미받으소서』, 77항, 64.
329 교황 프란치스코, 『찬미받으소서』, 86항, 70-71.

리를 일깨운다.

또한, 교황 프란치스코는 "모든 피조물은 우리와 더불어 그리고 우리를 통하여 공동의 도착점, 곧 하느님을 향하여 … 앞으로 나아가고 있습니다."[330]라고 말하며, 인간이 이 세상에 대해서 가지는 특별한 의무를 강조한다. 교황 프란치스코의 이러한 강조는 사실 보나벤투라의 종말론적 사상에 잘 드러나고 있는데, 재커리 헤이스 역시 보나벤투라를 해석하며 다음과 같이 말한 바 있다. "이 세상은 인간의 여정 안에서, 그리고 그 여정을 통하여 하느님에게 놀아간다."[331] 이와 같은 보나벤투라와 교황 프란치스코의 시각은 우리의 사회 경제적 실천의 의미를 더욱더 심원하게 만든다. 왜냐하면, 인간의 지상 여정의 중요한 소명 중 하나가 곧 다른 모든 사람과 피조물을 평화로운 '완성'으로 끌어안는 것이라는 것을 드러내기 때문이다. 지금 이 세상 안에서 평화로운 완성을 추구한다는 것은 곧 하느님의 선이 이 세상에 더욱더 충만하게 만드는 것이다. 이는 곧 모든 인간과 피조물이 하느님의 선함 안에서 양육되는 보다 더 형제적이고 지속 가능한 사회를 만든다는 말과 같을 것이다.

중세 프란치스칸들이 지속적으로 추구하고 실행하였던 '모두를 포함하는 경제 공동체와 경제 활동 안에서의 공동선의 실현'이라는 가치 역시 최근 교황들의 가르침이 계속해서 강조하고 있는 바이

---

330 교황 프란치스코, 『찬미받으소서』, 83항, 68.
331 Hayes, 「Bonaventure: Mystery of the Triune God」, 80.

다. 교황 베네딕토 16세는 진정한 발전은 모든 이들이 "평등하게 세계 경제 과정에 적극적으로 참여하는 것을 의미[332]한다."라고 말하며, 경제적 참여와 포괄성(INCLUSIVENESS)을 보장하는 모든 사람의 안정된 고용에 대한 중요성을 강조한다.[333] 교황 프란치스코 역시 진정한 경제 성장은 "더 나은 소득 분배, 일자리 창출, 단순한 복지 정신을 넘어서 가난한 이들의 온전한 진보를 분명히 지향하는"[334] 포괄적인 경제 공동체를 건설해야 한다고 말한다. 따라서 교황 프란치스코는 "그 누구도 그 무엇도 제외되지 않는"[335] 우주적인 형제적 공동체의 건설을 제안하는 것이다. 두 교황 모두 공동선에 대해서는 강조를 아끼지 않고, 공동선을 모든 사회적 단위체들이 우선하여 추구해야 할 사회 경제적 패러다임으로 묘사한다. 예를 들어 교황 프란치스코는 "사회 전체, 특히 국가는 공동선을 수호하고 증진해야 할 의무가 있다."[336]고 뚜렷한 태도를 보인다. 또한, 교황 프란치스코는 현재 상황에서 "공동선의 원리는 곧바로 논리적이고 필연적인 결과로 연대와 가장 가난한 이들을 위한 우선적 선택으로 전환된다."[337]고 가르치며, 더 나아가 이 공동선의 원리가 미래 세대에게까지 확장된

---

332 교황 베네딕토 16세, 21항, 33.
333 교황 베네딕토 16세, 32항, 50.
334 교황 프란치스코, 『복음의 기쁨』, 204항, 165.
335 교황 프란치스코, 『찬미받으소서』, 92항, 75.
336 교황 프란치스코, 『찬미받으소서』, 157항, 119.
337 교황 프란치스코, 『찬미받으소서』, 158항, 119.

다고 말한다. 왜냐하면, 우리의 경제 활동과 그에 따른 여파가 우리 후손들에게까지 심각한 악영향을 미칠 수 있기 때문이다.[338]

둔스 스코투스와 시에나의 베르나르디노가 강조하는 프란치스긴직 '사유 재산'의 개념 역시 교황 프란치스코의 가르침에서 몇 차례 나타나고 있다. 스코투스와 베르나르디노는 사유 재산을 인간 실정법에 따라서 제정된 것으로 이해하였고, 따라서 불변의 법칙이 아닌 변화 가능한 '우연법'으로 보았다. 왜냐하면, 궁극적으로 모든 것은 하느님에게만 속해 있고, 인간은 하느님에게 속한 것을 우연적이고 임시적으로 소유하고 사용할 뿐이기 때문이다. 따라서 사유 재산은 분명히 보장되어야 하지만 하느님의 뜻과 공동선보다 더 앞서는 절대적 가치를 가질 수는 없다. 교황 프란치스코 또한 사유 재산을 논함에 있어 "재화의 사적 소유는 그 재화를 보호하고 증진하여 공동선에 더 잘 이바지할 수 있을 때에 정당화된다."[339]고 그 핵심을 분명히 한다. 더 나아가 교황은 다음과 같이 이야기하며 사유 재산의 사회적 의미를 더 공고하게 강화한다.

> 사유 재산이 재화의 보편적 목적에 종속된다는 원칙, 곧 공동 사용 권리는 사회 활동의 황금률이고 윤리적 사회적 질서 전체의 제1 원리입니다. 그리스도교 전통은 사유 재산권을 절대적

---

338 교황 프란치스코, 『찬미받으소서』, 159항, 120.
339 교황 프란치스코, 『복음의 기쁨』, 189항, 154.

이거나 침해할 수 없는 것으로 인정한 적이 없으며, 모든 형태의 사유 재산의 사회적 기능을 강조하였습니다.[340]

'시장 경제와 경제 활동의 참된 의미와 기능'에 대한 프란치스칸 접근과 가르침 역시 최근 교황 가르침들 안에서 명백하게 확인되고 있다. 우선 교황 베네딕토 16세는 모든 통상적인 경제 활동이 "형제애의 표현인 무상성의 원칙과 은총(증여)의 논리"[341]에 따라 이루어져야 한다고 주장하며, '형제애,' '무상의 감사함(GRATUITAS)' 등의 프란치스칸 원칙을 경제 활동의 중심에 놓는다. 또한, 교황 베네딕토 16세는 상업적 이익이 공동선이라는 궁극 목적을 위하여 사용되는 수단이라면 그 상업적 이익 또한 유용하다고 말한다.[342] 그러나 상업적 이윤만을 유일한 목적으로 추구하는 경제 행위는 거부한다. 왜냐하면, 이러한 경제 행위는 공동체의 부를 파괴하고 빈곤을 초래할 가능성이 크기 때문이다.[343] 이러한 교황 베네딕토 16세의 이익에 대한 이해는 중세 프란치스칸들의 상업적 이익에 대한 가르침 및 실천과 그 궤를 같이하는 것이라 볼 수 있다. 더 나아가 교황은 더 높은 사회적 목표를 지향하면서도, 동시에 이윤을 배제하지 않고 이윤을 인간과 사회의 목적을 달성하는 수단으로 삼는 '사회적 사업'

---

340 교황 프란치스코, 『찬미받으소서』, 93항, 76.
341 교황 베네딕토 16세, 36항, 58.
342 교황 베네딕토 16세, 21항, 34.
343 교황 베네딕토 16세, 21항, 34.

의 가능성을 제안한다.[344] 교황은 특별히 가난한 이들을 파괴적인 고리대금업으로부터 보호할 수 있는 장치인 소액 금융 사업을 특정해서 제안하며, '신심의 산,'[345] 즉 중세 프란치스칸들이 행하던 초저리 금융 사회사업이었던 '몬테스 피에타티스'의 기원과 역사에 관한 관심을 촉구한다.[346] 교황 프란치스코는 경제를 "우리가 함께 사는 집인 이 세계 전체를 적절히 관리할 수 있는 기술"[347]이라고 정의한다. 따라서 교황 프란치스코는 모든 이들을 피조물과 가난한 이들을 보호하고, 존중과 형제애의 관계망을 구축하는 삶으로 초대한다.[348] 또한, 교황은 "기업 활동은 부를 창출하고 모든 이를 위하여 더 좋은 세상을 만들어 나가는 고귀한 소명"[349]이라고 강조하며, 공동선을 위한 기업의 공적 역할 및 참된 의미와 기능의 중요성을 강조한다.

요약하자면, 최근의 교황 가르침은 중세 시대에 더욱더 포용적이고 형제적인 시장 경제 공동체를 고안하고 그것을 실행하였던 프란치스칸 영성과 그 경제 이론 및 적용에서 중요한 영감을 취하고 있다고 말할 수 있겠다. 특별히 『진리 안의 사랑』의 경우 '무상의 감

---

344 교황 베네딕토 16세, 46항, 74.
345 라틴어 Montes Pietatis를 한국어로 번역하면 "신심의 산"으로 번역된다. '진리 안의 사랑' 65항에서는 이와 같이 "신심의 산"으로 번역되어 있다.
346 교황 베네딕토 16세, 65항, 100.
347 교황 프란치스코, 『복음의 기쁨』, 206항, 166.
348 교황 프란치스코, 『찬미받으소서』, 201항, 146.
349 교황 프란치스코, 『찬미받으소서』, 129항, 101.

사,' '공동선을 위한 형제적 공동체로서의 경제,' 그에 따른 구체적인 경제적 적용과 실천 등, 중세 프란치스칸 경제의 중심 요소들을 그 핵심 메시지로 삼고 있다. 스테파노 쟈망니는 『진리 안의 사랑』의 신학적 뿌리가 프란치스칸 전통 안에 있다고 강조하면서, 『진리 안의 사랑』은 가톨릭 사회 교리 전통에서 처음으로 형제성(FRATERNITY)이라는 프란치스칸 원칙을 경제 분야에 적용한 사례라고 소개한다.[350] 이제 이러한 프란치스칸 경제 전통, 즉 교회도 중요하게 바라보고 있는 이 소중한 프란치스칸 전통을 어떻게 오늘날 시장 경제 사회에 적용할 수 있을지에 대하여 살펴보도록 하겠다.

---

350 Zamagni, 「Globalization: Guidance from Franciscan Economic Thought and Caritas in Veritate」, 105.

오늘날 시장 경제를 위한 프란치스칸 대안

통합적 회개

보다 더 포용적이고, 지속 가능하며, 형제적인 시장 경제 건설을 위해서 가장 시급한 것은 '통합적 회개'이다. 여기서 말하는 통합적 회개는 한 인간의 그리스도인으로서의 온전한 완성뿐만 아니라 우리의 일상적인 삶, 즉 사회적 경제적 맥락 안에서 다른 모든 이들과의 올바른 관계를 살아감을 의미한다.

모든 그리스도인은 예수 그리스도의 부르심에 응답하도록, 따라서 주님의 참된 제자로서의 여정의 삶을 살아가도록 초대받고 있다. 이렇게 그리스도의 제자로서의 삶의 과정 자체를 '회개'라고 부른다.[351] 예수 그리스도에게로 돌아선 우리 그리스도인들은 자신들의 기본적인 삶의 방향을 하느님의 신비로 정향하며, 자신들 안에서 하느님이 계속해서 일하도록 자신을 개방한다.[352] 우리 삶의 방향을 하느님 신비에로 바꾼다는 것은 곧 하느님 신비 안에서 우리 자신의 참된 의미와 정체성을 찾는다는 말이다. 따라서 회개는 "진정

---

351 Richard P. McBrien, 『Catholicism: New Edition』, New York, HarperCollins Publishers, 1994, 923.
352 McBrien, 923-924.

한 인간이 되어가는 과정"[353]이라고 할 수 있겠다. 예를 들어 성 프란치스코의 삶은 끊임없는 회개의 여정이었다고 말할 수 있다. 성 프란치스코의 전기 작가들이 한결같이 전하듯이, 성 프란치스코는 회개 초기 시절부터 하느님에게로 돌아가는 여정을 단 한 순간도 멈추지 않았다. 복음의 메시지에 따라 그는 거룩한 가난을 기쁘게 껴안았으며, 그 가난의 가치를 생생하게 살아가기 위해 늘 힘겹게 노력하였고, 그를 회개의 길로 들어서게 했던 하느님의 선을 설파하는 일에 몰두하였으며, 마침내는 라 베르나LA VERNA에서 오상을 받아 그리스도와의 완벽한 일치로 들어섰다. 이렇게 성 프란치스코의 영적 여정 안에 잘 나타나듯이, 회개의 과정은 우리를 완전한 인간이 되는 여정으로 이끌고, 완전한 회개는 그리스도와의 완벽한 일치로 이끈다.

더 나아가 회개는 "하느님 나라의 요구 사항에 따라 사는 삶"[354]을 의미한다. 이러한 회개의 개념은 자연스럽게 인간이 사회와 교회 안에서 갖게 되는 '관계'와 '책임'에 관한 우리의 윤리적 태도의 변화와 실천을 요구한다. 따라서 회개의 의미는 사회 경제적, 생태학적 맥락을 품게 되는데, 왜냐하면 우리는 모두 단순하고 자명하게도 다른 이들, 사회, 모든 피조물과의 '관계' 안에 살고 있기 때문이다. 모든 사람은 사회에 속해 있고, 사회는 자연 혹은 피조물이라

---

353 Delio, Warner, and Wood, 171.
354 McBrien, 923.

는 기초 위에 서 있다. 따라서 우리 각자의 사소한 행동 하나하나는 필연적으로 우리가 속해 있는 사회와 환경 혹은 피조물에 영향을 끼칠 수밖에 없으며, 이는 결과적으로 각 사람의 삶에 하나의 구체적인 긍정적 혹은 부정적 영향으로 되돌아온다. 왜냐하면, 모든 것은 서로 연결되어 있기 때문이다.[355] 따라서 우리가 회개의 여정 안에 있다는 것은 곧 하느님 나라의 요구 사항에 따라 다른 모든 이들과 피조물과의 올바른 관계를 만들어 간다는 것이고, 이는 곧 우리의 회개 과정이 필연적으로 관계적이고, 사회 경제적이며, 생태적임을 의미한다. 교황 프란치스코 역시 이러한 회개의 측면을 다음과 같이 강조한다. "케리그마에는 명료한 사회적 내용이 담겨 있습니다. 복음의 핵심에는 공동체 생활과 다른 이들에 대한 헌신이 있습니다. 첫 선포의 내용에는 사랑을 중심으로 한 직접적인 도덕적 의미가 담겨있습니다."[356] 그러므로 교황 프란치스코는 "그리스도인의 회개는 특히 사회 질서와 공동선 추구와 관련된 모든 것에 대한 재검토를 요구"[357]한다고 강조하는 것이다. 우리가 속해 있는 이 지구와 사회 공동체는 사실 우리 모두의 영적이고 물리적인 삶을 지탱하고 있고, 이 세상 어느 곳에서나 하느님의 영광과 선을 체험하도록 이끌고 있다. 그러나 우리가 갖는 다른 모든 것과의 관계, 그리고 그 관계가 우리 공동체에 끼치는 영향에 대한 올바른 인식 없이는

355　교황 프란치스코, 『찬미받으소서』, 91항, 75.
356　교황 프란치스코, 『복음의 기쁨』, 177항, 143.
357　교황 프란치스코, 『복음의 기쁨』, 182항, 149.

참된 회개를 살아간다고 말할 수 없을 것이다.

대부분의 그리스도인은 대부분의 열정과 시간을 자신들의 경제 활동에 쏟아붓고 있다. 그리고 그 경제 활동을 통하여 자신의 삶과 자기 발전에 필요한 경제적인 수입을 취할 뿐만 아니라, 바로 그 경제 활동을 통하여 다른 이들과의 '관계'를 살아간다. 사실 우리가 이 세상을 체험하고, 이 세상에 현현하는 하느님의 선과 사랑을 체험하는 자리는 우리의 사회 경제 생활이라 할 수 있겠다. 왜냐하면, 우리는 모두 바로 그 경제 활동에 가장 많은 시간과 열정을 투자하고 있기 때문이다. 그러나 우리 사회에는 일종의 미묘한 분리 의식, 즉 종교와 사회 문제를 분리하려는 의식이 다분히 잠재되어 있는 듯하다. 많은 경우 사회 경제적 문제는 우리 교회의 첫 번째 관심사가 아니었다. 그러나 한 가지 분명한 것은 그 사회 경제적 문제가 우리 신자들과 사람들의 삶에 직접적이고도 깊은 영향을 주고 있다는 점이다. 가톨릭 사회 교리 전통은 모든 가톨릭 신자들이 매일 일상의 삶 안에서 복음의 가치, 인간의 존엄성, 공동선 등을 추구하는 우리의 거룩한 성소를 살아가야 한다고 다그치고 있다. 그러나 우리 그리스도인들은 그러한 가르침을 오직 우리의 성당 안에서만, 교회 공동체 안에서만 충실하게 살아가고 있는 듯하고, 성당이나 교회 공동체가 제공하는 봉사나 애덕 활동은 일종의 회개와 보속의 기회와 장치로만 받아들여지고 있는 듯하다. 간명하게 이야기하자면, 우리는 우리가 가장 많은 시간을 보내고 가장 많은 열정을 쏟아붓고 있는 지금 여기의 사회 경제적 맥락의 중요성을 인식하고 있지 않은 듯하다. 이 사회는 바로 우리의 끊임없는 회개의 과정과 올바른 관계를 만들어가는 그 노력 속에서 하느님의 선함과 사랑을 드러내는 장소가 되어야 한다. 더 살기 좋은 세상, 더 지속 가능한 사회, 모든 이가 모든 이를 소중히 여기는 형제적 경제 공동체는 누가 만들어 주는 것이 아니라 바로 우리 그리스도인들의 회개 과정, 즉 참된 인간이 되어가는 과정, 그리고 다른 모든 이들과의 올바른 관계를 만들어 가는 그 회개 과정에 상당 부분 달려 있다. 우리는 아마도 우리의 지상 여정 이후, 즉 우리의 죽음 이후에 누리게 될 영원한 생명, 새로운 하늘나라, 새로운 세상을 희망하고 있을지는 몰라도, 그와 똑같은 희망을 지금 우리가 실제로 숨 쉬고 살아가고 있는 이 세상 위에 두지 않고 있다.[358] 결과적으로 우리 그리스도인들은 현대의 이 왜곡된 세상에 대한 책임에서 일정 부분 자유로울 수 없다. 왜냐하면, 전 세계 인구 중 무려 30% 이상이 그리스도인이고[359] 전 세계 경제를 실제로 이끄는 대다수 인구가 그리스도인이기 때문이다. 바로 이런 이유로 우리 그리스도인에게 통합적 회개가 긴급하게 요청된다고 생각한다. 앞서 언급하였다시피 이 통합적 회개는 개인의 그리스도인적인 완성을 추구할 뿐만 아니라 다른 모든 이들과 또한 다른 모든 피조물과의 올바른 사회 경제적인 관계를 만들

---

358 Delio, Warner, and Wood, 9.
359 Kate Scanlon, 「What Will Major World Religions Look Like in 2050?」, 『The Daily Signal』, April 05, 2015, http://dailysignal.com/2015/04/05/what-will-major-world-religions-look-like-in-2050/.

어 가는 것을 의미한다. 왜냐하면, 회개는 하느님이 내신 다른 모든 것들과의 올바른 관계를 수립해 나가는 과정도 포함하기 때문이다.

첫째, 이를 위하여, 교황 프란치스코가 '생태적 회개'와 관련하여 제안하듯이,[360] 통합적 회개를 위한 일종의 교육 과정이 도입되어야 한다. 이는 학교, 가정, 매체, 교리 교육 등 우리가 가지고 있는 모든 사회적, 교회적 장치와 관계망을 통하여 이루어질 수 있을 것이다. 이러한 통합적 회개의 교육 과정 속에서 중심적으로 다루어져야 할 주제라면 무상無償의 감사함의 의미와 실행, 형제성의 가치, 경제와 경제적 활동의 참된 의미, 진정한 발전과 번영, 공동선의 역할 등이 제안될 수 있겠다. 예를 들어, 본당의 경우 이와 같은 체계적인 교육 과정을 개발하여 본당 신자들이 그들의 회개 여정을 통하여 더 형제적인 경제에 참여하거나 혹은 그것을 창조해 나갈 수 있도록 도울 수 있을 것이다.

둘째, 우리 모든 그리스도인은 '윤리적 소비자'가 되어야 한다. 소비는 우리가 모두 일상적으로 행하는 가장 기본적인 경제 활동이다. 그런데 만약 우리의 이러한 일상적인 경제 활동이 배척, 약탈, 다른 사람들과 피조물의 파괴와 연관되어 있다면 그것은 더 이상 경제 활동이라 불릴 수 없다. 그것은 그저 파괴 활동일 뿐이다. 모든 상품은 우리 앞으로 오기 전까지 하나의 역사를 가진다. 즉, 어떤 상품이든 어디에선가 누군가에 의해서 생산되고, 유통의 과정을 거치

---

360 교황 프란치스코, 『찬미받으소서』, 213항, 153.

며, 마침내 소매점에서 판매된다. 그런데 그 생산과 유통과 판매 과정 중 만약 그 상품이 인신매매, 노동 착취, 환경 파괴 등의 문제와 직간접적으로 연관되고, 그리고 그것을 우리가 경제 활동을 통해서 소비한다면, 우리는 부지불식 간에 그러한 파괴적인 경제 활동에 참여하게 되는 것이고, 결과적으로 이 세상 전체를 왜곡되게 만드는 데에 일조하는 것이다. 이것은 분명 우리의 회개 과정, 즉 모든 이와 모든 피조물과 올바른 관계를 만들라는 하느님 나라의 요구 사항을 따르는 행동이 아니다. 아마도 우리는 현대의 파괴적인 경제 체제 자체를 바꿀 힘은 없을 것이다. 그러나 우리는 단순하게 윤리적인 소비자가 되고, 그렇게 살기 위하여 노력함으로써 파괴적인 경제 활동을 펼치는 기업들에 상당한 압력을 행사할 수 있고, 그들의 변화를 유도해 낼 수 있다. 이렇게 윤리적 소비라는 경제 행위는 모든 것을 바로 잡는 첫 번째 걸음에 불과하다. 또한, 이러한 경제 행위는 더욱더 포용적이고 형제적인 경제를 건설하는 우리의 책임과 의무이기도 하다. 바로 이러한 삶을 통해서 우리는 "모든 이들의 측정할 수 없는 존엄성을 심지어(혹은 특별히) 시장 안에서도"[361] 소중히 여기는 길을 걷게 되는 것이다. 이와 관련하여 데이비드 쿠투리에르는 다음과 같은 '의식 성찰' 예제를 제시한다.

　　내가 사용하거나 구매한 상품이 혹시 인간 노예와 같은 과정에

361　Couturier, 45.

오염되지는 않았는지 의식하는가? 내가 원하는 상품이 노동 착취의 결과일 수 있다는 사실보다는 그저 가격, 편의, 접근성 등을 더 중요하게 생각하지는 않는가? 나는 얼마나 많은 시간과 노력을 들여 내 앞의 상품이 인신매매 등의 결과일 지에 대하여 생각하는가? ···내 집에서 그리고 내 저녁 식탁 위에서 노동 착취의 결과물을 근절하기 위하여 얼마나 많은 의지를 가지고 내 주변 사람들과 함께 협력하여 일하고자 하는가?[362]

셋째, 회개는 다른 모든 이들 및 피조물과의 올바른 관계를 건설해 나가는 것이므로, 이제는 프란치스칸들이 지금까지 해 오던 단순한 애덕 활동을 뛰어넘어 더 창조적인 프란치스칸 경제 활동으로 나갈 때라고 생각한다. 이러한 창조적인 경제 활동은 우리 모두의 올바른 경제 관계와 형제적인 시장 경제를 창조적인 방법으로 앞당겨 구현하는 것이다. 지금까지 프란치스칸 애덕 단체들의 활동은 인간의 기본권과 공동선 증진을 위하여 많은 노력을 해왔고, 실제로 이 세상과 사회에 공헌한 바가 크다고 하겠다. 그러나 그것이 굉장히 효과적이었다는 데에는 의문점이 남는다. 일반적으로 비영리 애덕 단체들은 그 구조 안에 큰 취약점을 가지고 있을 수밖에 없다. 왜냐하면, 이러한 단체들 대부분은 지속적인 기부금에 의존하기 때문이다. 따라서 이들도 기본적으로 '낙수 효과'라는 경제 형태에 의

---

362 Couturier, 40.

존하고 있는 것이며, 만약에 그 낙수가 중단된다면, 그 애덕 사업 역시 큰 곤경에 처할 수밖에 없다.[363]

따라서 이제는 같은 프란치스칸 전통에 뿌리를 두고 있지만, 지금까지 해 왔던 전통적인 방식의 애덕 단체와는 다른 프란치스칸 사회 기관 혹은 단체를 구상하고 실천에 옮겨야 할 때라고 생각한다. 나는 이 가능성을 '사회적 기업' 혹은 '사회적 사업'이라는 형태의 경제 활동에서 찾는다. 현재 사회적 기업은 서구 사회에서 하나의 경제 분야로 확고하게 그 자리를 잡아가고 있다. 이제 프란치스칸 전통에 기반을 둔 사회적 기업의 필요성, 그 구성 요소, 그리고 그 가능한 형태를 논하도록 하겠다.

프란치스칸 사회적 기업(FRANCISCAN SOCIAL ENTREPRENEURSHIP)

왜 사회적 기업(SOCIAL ENTREPRENEURSHIP)**인가?**: 우선 왜 나는 오늘날을 위한 프란치스칸 경제 대안으로서 '프란치스칸 사회적 기업'을 제안하는지 더 명확하게 밝힐 필요가 있다고 생각한다. 이렇게 제안하는 데에는 다음의 두 가지 중요한 이유에서이다.

첫 번째 이유는 오늘날 대기업의 잘못된 자기 이해와 그에 따른 파괴적 경제 활동에서 기인한다. 앞서 누차 언급하였다시피 많은

---

363 Yunus, 21.

경우 현대의 기업들은 단기 이윤 극대화라는 논리에 따라 경영되고 있다. 그러나 사업 혹은 기업은 그들이 속한 사회의 공동선을 위하여 이바지하는 단체이다. 기업은 상품과 서비스를 생산하고, 사회를 위한 일자리를 창출하고, 사회를 위한 부의 순환을 도모함으로써 우리 사회의 가장 필요하고도 탁월한 경제 주체로서 자리를 잡는다. 기업의 주요 역할은 전체 사회의 안녕을 도모하는 것이다.[364] 때때로 기업은 지금 이 사회와 공동체가 필요로 하지만 쉽게 가질 수 없는 서비스나 상품을 도입하기 위하여 사회적, 경제적 위험도 감수해야 한다. 정부도 역시 기업을 승인하고 창조하는데, 그 이유는 정부는 수행할 수 없지만 기업은 능히 행할 수 있는 그들만의 중요한 공적 역할 때문이다.[365] 그러나 현대의 많은 기업은 이윤 극대화의 논리 아래 그들만을 위해 일하고 존재할 뿐이며, 따라서 그러한 경제 활동을 통하여 전체 사회 체계를 왜곡시키고, 더 나아가 사회 배척, 경제적 불평등과 같은 사회 경제 문제를 만연시키고 있다.

기업들은 본래 기업의 존재 목적에 상응하도록 공통의 가치(SHARED VALUE)를 창조하는 방향으로 새롭게 디자인되어야 한다. 여기서 말하는 공통의 가치 창조란 한 기업의 가치 생산 과정 안에서 금전적 가치와 사회적 가치를 통합하여 창조함을 의미한다. 바로 이런 방법으로 기업은 자신의 본래 소명에 충실할 수 있을 것이며, 더 나아가 기업 자신과 그 기업이 속한 사회에 동시에 수혜를 줄 수 있다.

---

364 Gunnemann, 302.
365 Gunnemann, 302.

사실 금전적 가치와 사회적 가치는 떨어질 수 없는 불가분의 관계에 있다. 왜냐하면, 한 기업의 경쟁력은 그 기업이 속한 공동체의 건전성과 밀접하게 연관되어 있기 때문이다.[366] 즉, 기업은 성공적이고 건강한 공동체가 필요하다. 왜냐하면, 바로 그런 사회여야만 기업 역시 성공적으로 정착할 수 있고, 자신의 상품과 서비스를 원활하게 판매할 수 있으며, 자신이 속한 공동체 구성원들의 지지를 얻어낼 수 있기 때문이다. 반대로 사회 역시 훌륭한 기업이 필요하다. 사회 구성원들에게 일자리와 부를 제공하고 그 부를 사회 구성원들 사이에서 순환시킬 필요가 있기 때문이다.[367] 따라서 기업은 인간의 존엄성, 포용적인 사회, 공동선, 금전적 성공 등의 중요 요소들을 모두 포함하는 공통의 가치를 창조함으로써 통합적인 사회 발전을 도모해야 한다. 그러나 오늘날 많은 대기업은 이러한 생각에 동의하지 않는다. 왜냐하면, 그들은 자신들에게 부과되는 의무적인 세금과 '기업의 사회적 책무 프로그램' 등을 통해서 사회에 대한 의무를 다하고 있다고 생각하기 때문이다. 그러나 많은 기업이 한편으로는 의무적인 세금을 납부하고 기업의 사회적 책무 프로그램을 진행하면서, 또 다른 한편으로는 환경을 오염시키고, 불완전 고용 체계를 통하여 인간의 기본권을 침해하며, 가난한 지역의 노동력과 자원을 착취하는 모순적인 행태를 보인다. 바로 이런 이유로 사회적 기업

---

366 Michael E. Porter and Mark R. Kramer, 「Creating Shared Value」, 『Harvard Business Review』 January-February 2011, 6.

367 Porter and Kramer, 6.

이라는 개념이 이윤 극대화의 기업이라는 개념의 대안으로서 떠오르는 것이다.

사회적 기업을 현대의 프란치스칸 경제 대안으로 제시하는 그 두 번째 이유는 바로 프란치스칸 전통 그 자체 안에서 찾을 수 있다. 프란치스칸 전통은 그 영성 및 경제 이론과 실천을 통하여 오늘날 경제 사회에 구체적으로 응답하고 있다고 생각한다. 더 나아가 프란치스칸 영성과 경제 이론을 통합한 프란치스칸 사회적 기업이라는 해법을 통하여 프란치스칸 전통은 가톨릭 전통 혹은 최근 교회의 가르침에 프란치스칸들만이 제시할 수 있는 해법을 추가하거나 공헌할 수 있다고 생각한다. 이러한 프란치스칸 기여는 단순히 영적이거나 개념적인 수준에 그치지 않고 오늘날의 실제 경제에 적극적으로 참여 가능한 실질적인 대안으로 보아야 한다. 교황 베네딕토 16세가 사회적 사업의 필요성을 제안하지만,[368] 아마도 우리는 이를 위하여 더욱더 정교하고 특정한 실제적인 경제 이론, 모델, 실행자들을 필요로 할 것이다. 이미 앞서 살펴보았던 바와 같이 중세 프란치스칸 전통은 이윤, 자본, 상업, 시장, 공동선 등의 경제 요소들을 효과적으로 통합한 '몬테스 피에타티스'라는 탁월한 경제 모델을 제안하고 있다. 사실 몬테스 피에타티스는 기업이 존재해야 하는 이유와 기업의 사회적 기능 등을 아주 잘 보여준 모델이라 할 수 있다. 몬테스 피에타티스는 분명히 하나의 '기업' 혹은 '사업'이

---

368 교황 베네딕토 16세, 46항, 74.

었다. 또한, 동시에 프란치스칸 사회 충격을 통하여 하나의 사회를 공동체로, 더 나아가 하나의 형제적 공동체로 변모시키는 프란치스칸 사회 참여 프로그램이었다. 이렇게 몬테스 피에타티스는 프란치스칸 사회적 목적과 이익 경제의 주요 요소들을 효과적으로 통합하였다. 그리고 현대 사회에서 찾을 수 있는 이에 가장 근접한 형태의 경제 형태가 바로 '사회적 기업'이다.

요약하자면, 프란치스칸 전통과 사회적 기업의 핵심 요소들을 통합하는 '프란치스칸 사회적 기업'은 현대 기업들에 의하여 발생된 사회 경제 문제들을 점차 제한하거나 제거할 가능성을 가지고 있다. 또한, 프란치스칸 사회적 기업은 현재의 가톨릭 전통에 하나의 실제적인 경제 해법을 제공하며, 그렇게 공헌할 수 있을 것이다. 이제 프란치스칸 사회적 기업에 대하여 더 자세하게 살펴보도록 하겠다.

기업가 정신(ENTREPRENEURSHIP): 우선 먼저 짚고 넘어가야 할 부분이라면, 프랑스어에 그 기원을 두고 있는 영어 단어 'ENTREPRENEUR엔트르푸르누어'와 ENTREPRENEURSHIP엔트르푸르누어쉽'의 한글 해석이다. 대부분의 영한사전에서 'ENTREPRENEUR'는 '(진취적인)기업가'로 'ENTREPRENEURSHIP'은 '기업가 정신'으로 해석하고 있다. 이 해석이 전적으로 틀리거나 옳지 않은 것은 아니지만, 다음과 같은 간단한 설명을 하고 진행하고자 한다. ENTREPRENEUR라는 단어를 '기업가'로 번역할 수는 있지만, 그 의미가 결코 우리가 일반적으로 생각하는 한 기업의 소유주, 경영자, 일반 사업가 등을 의미하지 않는다. ENTREPRENEUR라는 단어가 표현하는 기업가는 그 사업을 구상하고 시작하고 운영하는 그 모든 철학과 방법론 자체가 일반적인 사업가나 기업 소유주와는 판이하기 때문이다. 그래서 일부 사전에서는 이 단어를 '진취적인 기업가'로 번역하기도 한다. 따라서 비슷한 파생어, 기업가 정신으로 번역되는 'ENTREPRENEURSHIP'이라는 단어 역시 같은 맥락에서 이해되어야 한다. 즉 일반적인 사업가나 경영자의 기업가 정신을 의미하는 것이 아니라는 것이다. 이 모든 해석과 정의는 아래에서 더 자세하게 다루도록 하겠다.

프란치스칸 사회적 기업(FRANCISCAN SOCIAL ENTREPRENEURSHIP)이라는 구절 안에는 각각 다른 세 가지 단어가 혼합되어 있다. 따라서 프란치스칸 사회적 기업의 의미를 더 자세하고 충만하게 이해하기 위하여 우선 '기업가 정신' 혹은 'ENTREPRENUERSHIP'에 대하여 살펴보도록 하겠다.

일반적인 기업 소유주나 사업가는 이윤 극대화의 동기로 사업을 시작한다. 그러나 ENTREPRENEUR라는 단어로 표현되는 진취적인 기업가 혹은 기업가는 다른 일반 사업가들은 그저 견디고 참아내려고 하는 일종의 불편함, 부당함, 혹은 문제로부터 사업의 동기를 얻는다. 즉 일반적인 사업가가 사업을 시작하는 동기가 '이윤'이라면, 엔트르푸르누어ENTREPRENEUR가 사업을 시작하는 동기는 '문제'이다. 따라서 이들은 오랫동안 이어져 온 불편한 고착 상태 혹은 불편한 평형 상태 그 자체를 새로운 무엇인가를 창조하기 위한 하나의 기회로 삼는다.³⁶⁹ 그리고 이들은 완전히 새롭고 독특한 상품이나 서비스를 이 세상에 소개한다. 왜냐하면, 자신들이 문제로 파악한 그 지점에 대한 완전히 새로운 방법을 개발함으로써 불편한 고착 상태를 대체하려고 노력하기 때문이다.³⁷⁰ 따라서 이들은 대체로 창조적이고 혁신적이다. 왜냐하면, 다른 사람들은 보지 못하는 것을 보는 능력이 있기 때문이다. 또한, 이들은 지략이 뛰어나고, 실질적이며, 기회에 능하다. 왜냐하면, 이들은 "무에서 유를 창조"하기 때문이다.³⁷¹

이러한 일반적 혹은 상업적 엔트르푸르누어의 대표적인 예라넌 애플 컴퓨터의 공동 창업자인 스티브 잡스(STEVE JOBS, 1955-2011)와 스티브 워즈니악(STEVE WOZNIAK 1950-)을 들 수 있겠다. 이들이 개인 컴퓨터 프로그래밍 시스템을 개발하고 소개하기 이전, 대부분 컴퓨터 사용자와 개발자들은 몇몇 IT 직원들이 관리하는 중앙 집중 컴퓨터 프로그래밍 시스템에 의존해야만 했다. 사용자들은 IT 직원들이 만들고 제공하는 소프트웨어를 사용하기 위하여 긴 시간 기다리기 일쑤였고 업무가 지연되는 일은 다반사였다. 아마도 서비스 제공자는 아무런 불편이 없었겠지만, 사용자 경험은 비효율성과 불만족투성이였다. 이러한 중앙 집중 컴퓨터 시스템은 계속해서 이어지며 IT 산업계에 일종의 불편한 평형 상태를 만들었다. 그러나 스티브 잡

---

369 Roger L. Martin and Sally Osberg, 「Social Entrepreneurship: The Case for Definition」, 『Stanford Social Innovation Review』 (Spring: 2007), 32.

370 Martin and Osberg, 33.

371 Fillipe M. Santos, 「A Positive Theory of Social Entrepreneurship」, 『Journal of Business Ethics』 (2012) 111, 344.

스와 스티브 워즈니악은 이러한 불만족스러운 상황 그 자체를 하나의 기회로 보았고, 기업가적인 위험을 감수하며 개인 컴퓨터 프로그래밍 시스템을 개발하여 시장에 소개하였다. 결국, 이러한 컴퓨터 시스템은 사용자들에게 이전의 불균형 상태를 대체하는 완전히 새로운 해법으로 경험되었다.[372]

이러한 스티브 잡스와 스티브 워즈니악의 예에서 엔트르푸르누어의 몇 가지 중요한 특징들이 다음과 같이 나열될 수 있겠다. 첫째, 이들은 다른 이들은 그저 감내하기만 하는 불편한 평형 상태를 바꾸는 데에서 사업 동기를 찾는다. 둘째, 단순히 작은 수정이나 변화를 통해서 현재 체계를 최적화하지 않고, 완전히 새로운 해법을 개발한다. 애플 컴퓨터의 경우 이 해법이 바로 개인 컴퓨터 프로그래밍 시스템이었다. 셋째, 현재의 시스템이나 문제를 제거하려고 노력하지 않는다. 대신에 완전히 새로운 해법, 서비스, 혹은 상품을 시장 안으로 도입함으로써 문제가 되는 환경을 서서히 잠식 및 해결해 나간다. 넷째, 이 새로운 해법을 개발하고 유통하기 위하여 기업가적인 위험을 감수한다. 다섯째, 마침내 자신들이 개발한 해법이나 상품을 시장 안에서 안정화한다.[373]

---

372   Martin and Osberg, 31.
373   Martin and Osberg, 33.

사회적 기업(Social Entrepreneurship): 사회적 기업가(social entrepreneur) 역시 일반적 혹은 상업적인 진취적 기업가(entrepreneur)의 일반적인 특질을 함께 공유한다. 그러나 사회적 기업가는 사회를 변모시키는 사회적 충격과 사회적 이익을 성취하는 데에 그 초점을 맞춘다. 왜냐하면, 이들은 사회적인 문제나 사회적으로 불만족스러운 평형 상태로부터 사업의 동인을 찾기 때문이다. 따라서 사회적 기업가를 일반적 기업가(entrepreneur)와 차별화시키는 지점은 바로 "사회적 이익" 혹은 "사회적 임무와 관련된 충격"이라고 하겠다.[374] 사회적 기업가들은 자연스럽게 이전에 무시되었던 분야, 배척당한 이들, 가난한 이들을 겨냥한 기업 활동을 벌이게 된다. 영리 추구와 관련해서 사회적 기업가들은 크게 세 가지 형태, 즉 순수 '비영리형', 영리와 비영리의 '혼합형', '영리 추구형'의 세 가지 형태를 형성하는데, 이는 결과적으로 사회적 기업가라는 개념을 아주 넓게 확장하는 결과를 낳았고, 사회적 기업가라는 단어를 정확하게 정의하는 데에 있어 상당한 모호함을 가져다주고 있다.[375] 상황이 이렇다 보니 "사

---

374 Martin and Osberg, 35.
375 사회적 기업가를 정의함에 있어 그 동안 몇 가지 중요한 시도들이 있어 왔다. 예를 들어 로져 마틴(Roger Martin)과 샐리 오스버그(Sally Osberg)는 사회적 기업가와 일반 기업가(Entrepreneur)의 차이를 '가치 제안'의 맥락에서 파악한다. 그러나 필립 산토스(Fillipe Santos)의 경우 '가치 창조'와 '가치 확보'의 맥락에서 파악한다. 더 자세한 내용은 다음을 참조하라: Roger L. Martin and Sally Osberg, 「Social Entrepreneurship: The Case for Definition」, 『Stanford Social Innovation Review』 (Spring: 2007); Fillipe M. Santos, 「A Positive Theory of Social Entrepreneurship」, 『Journal of Business Ethics』 (2012) 111.

회적 기업가 정신이라는 개념은 모든 종류의 사회적 이익을 추구하는 활동을 품는 하나의 거대한 텐트가 되어버렸다."[376] 그러나 동시에 한 가지 분명한 것은 대부분의 사회적 기업가들이 영리 추구와 관련하여 '혼합형'의 모델을 지향하면서, 시장 경제 안에서 또한 시장 경제를 통하여 활동하고 있다. 바로 이런 식으로 경제적, 사회적, 생태적 가치를 함께 생산해 내는 것이다.[377]

로져 마틴ROGER MARTIN과 샐리 오스버그SALLY OSBERG는 다음과 같이 사회적 기업가들의 세 가지 특성을 나열한다. 첫째, 사회적 기업가들은 사회에서 배척되고 내몰린 사람들을 만들어 내는 이미 고착화된 사회적 부당함을 파악한다. 둘째, 그들은 이러한 부당한 사회적 평형 상태를 하나의 기회로 파악하고 그들의 창의력, 용기, 영감을 통하여 완전히 새로운 사회적 해법을 시장 경제 안에서 소개한다. 셋째, 이러한 새로운 사회 경제적 해법을 통하여 목표 그룹의 고통을 완화하고, 이전에는 무시되고 묶여있던 또 다른 사회 경제적 가능성을 사회와 경제 안으로 흘려보내며, 사회 안에 새로운 안정된 사회적 평형 상태를 구축한다. 또한, 새롭게 도입된 평형 상태 주위로 안정된 생태계를 창조하고, 사회 전체와 목표 그룹의 더 나은 미래를 보장한다.[378] 사회적 기업가들은 이런 방법을 통하여 새

---

376 Martin and Osberg, 30.
377 John Elkington, and Pamela Hartigan, 『The Power of Unreasonable People』, Boston, Harvard Business Press, 2008, 3-4.
378 Martin and Osberg, 35.

로운 산업을 창조하고, 새로운 사업 모델을 입증하며, 나아가 사회의 여러 자원과 자본을 그동안 무시되었던 사회 문제로 돌리는 역할을 한다.[379]

방글라데시의 그라민 은행(GRAMEEN BANK)의 창설자이자 2006년 노벨 평화상 수상자인 무하마드 유누스(MUHAMMAD YUNUS, 1940-)가 이러한 사회적 기업가의 훌륭한 모델 중 하나라고 할 수 있겠다. 1976년, 유누스는 가난한 방글라데시인들을 위한 초저리 대출 은행 사업을 고안하기 위한 하나의 특별한 연구 프로젝트를 발족한다. 죠브라JOBRA와 탕가일TANGAIL 지방에서 진행되었던 초기 몇 년간의 연구와 현장 실험이 성공적으로 진행되자, 이후 그라민 은행은 정부에 정식으로 등록된 독립적인 초저리 대출 은행으로 태어났다. 유누스의 사회사업 계획의 목적은 다음과 같다. (1) 가난한 이들에게로의 은행 확장, (2) 고리대금 업자들의 가난한 자들에 대한 착취를 근절함, (3) 방글라데시 시골 지역의 수많은 실업자에게 자영업의 기회를 제공함, (4) 대부분 여성인 시골 지역의 사회적 약자들에게 교육의 기회를 제공하고 업무를 스스로 관리할 수 있는 역량을 가질 수 있게 함, (5) 저소득-저예금-저투자라는 악순환을 끊고 저소득-신용대출-소득 증가-예금 증가-투자 증가라는 선순환을 실현함.[380]

---

379 Santos, 335.
380 「History」, 『Banking for the Poor: Granmeen Bank』, accessed Feb 17, 2016, http://www.grameen-info.org/history/.

위와 같은 목적과 논리에 따라, 그라민 은행은 가난한 이들에게 무담보, 초저리의 방식으로 작은 규모의 자본을 대출해 왔다. 그 결과 많은 가난한 이들이 자영업을 새롭게 시작하거나 기존의 작은 사업을 더 확장하게 되었고, 궁극적으로 극심한 가난한 삶을 끝낼 수 있게 되었다.[381] 많은 방글라데시 여성들이 이제는 수입을 창출할 수 있는 자신의 능력을 알아보게 되었고, 또한 아주 작은 양의 자본만으로도 그들의 삶이 개선될 수 있음을 체험하게 되었다. 그동안 사회 경제적 맥락에서 배제되었던 많은 이들이 이제는 경제 활동 안에 '포함'되었음을 체험하고 있다. 더 나아가 "그라민 은행은 가난한 이들이 소유하고 있다. 총 소유 지분의 94%가 대출자 자신들로 구성되어 있다."[382] 즉, 유누스는 가난한 이들을 단순히 수동적인 수혜자로 보지 않고, 스스로 자신의 상황을 타개해 가는 주인공으로 만든 것이다. 요약하자면 유누스는 불만족스러운 또한 고착화된 사회적 평형 상태를 파악하였고, 현행 시장 경제 체제 안에서 직접적이고 창의적인 행동을 취하였으며, 이미 30년이 넘는 기간 동안 자신이 시장 안으로 가져온 사회사업 혹은 사회적 해법을 안정적으로 유지하고 있다. 유누스의 사업은 결코 비영리 자선 애덕 사업이 아니다. 그라민 은행은 다른 상업 은행들과 마찬가지로 상품, 서비스, 고객, 시장, 지출, 수익 등의 경제적인 요소들을 포괄하는 하나

---

381 Yunus, 34.
382 Yunus, 34.

의 사업이다. 그러나 그라민 은행이 다른 상업 은행들과 다른 점이라면 그 경영 원칙이 '금전적 이윤 극대화'에 있는 것이 아니라 '사회적 이익 극대화'에 있나는 짐일 것이다.[383]

한 가지 더 짚고 넘어가야 할 점이라면, 사회적 기업가들은 '사회 운동가(SOCIAL ACTIVIST)들과는 다르다는 점이다. 사회 운동가들은 일반적으로 부정적인 사회 경제적 문제들을 제거하는 방식으로 사회적 가치를 창조한다. 즉, 이들은 지속 가능한 해법을 발전시키기보다는 다른 비슷한 단체와 함께 연대 및 협업의 방식으로 정부나 경제 주체들을 압박하는 운동을 통하여 사회를 바꾸어 나가는 역할을 하고 있다.[384]

프란치스칸 사회적 기업: 프란치스칸 사회적 기업의 가능성과 그 모범적인 사례는 이미 중세 프란치스칸들에 의하여 발전된 프란치스칸 전통 및 그 경제적 이론에 의해서 명백하게 증명되었다고 생각한다.

첫째, 프란치스칸 전통은 사회의 불공정하고 부당한 평형 상태와 중요한 사회 경제 문제들을 판단할 수 있는 프란치스칸 영성과 사회 경제 철학을 제공하며, 이렇게 파악된 문제들을 기회 삼아 사회 기업가적인 활동을 해 나갈 수 있는 충분한 발판을 제공한다. 프

---

383   Yunus, 29.
384   Santos, 348.

란치스칸 전통은 인간과 모든 피조물의 천부적인 존엄성을 소중히 여기며, 무상의 감사함과 자발적 가난이라는 철학에 기초하여 모든 사회 관계망 안에서 올바른 관계를 추구한다. 공동선, 즉 하느님의 본성을 반사하고 사회 구성원 모두를 묶는 그 공동선에 근거하여, 프란치스칸 전통은 더욱더 포용적이고 형제적인 경제 공동체를 꿈꾸고 실행하였다. 바로 그러한 노력 안에서 중세 프란치스칸들은 그 어떤 사회 구성원도 사회 경제적 맥락에서 배제되지 않도록 도왔던 것이다. 일반적인 사회 기업가들은 다소간 주관적인 사회적 판단에서 사회적 기업을 시작해야 하는 것에 비해서, 현대의 프란치스칸들은 중세 프란치스칸들의 노력과 실천에 근거하여 사회 경제적 문제들을 파악하는 데에서 더욱더 분명한 신학적이고 영성적이며 객관적인 기준을 가지고 시작할 수 있다고 말할 수 있겠다.

둘째, 프란치스칸 전통은 실제적인 경제 이론을 제공한다. 따라서 프란치스칸 사회적 기업은 그 이론의 현대적 적용을 통하여 현대의 자본주의 시장 경제 체제에도 큰 무리 없이 진입할 수 있으며, 그 안에서의 경제 활동을 통하여 이윤을 창출하는 방법으로 그 기업 활동이 안정화 될 수 있고, 그 와중에도 여전히 사회적 기업의 첫 번째 목표인 사회적인 충격을 계속 이어갈 수 있다. 프란치스칸 경제 이론은 금전적 이윤, 즉 공동선을 위한 기업가적인 위험과 활동에서 창출되는 그런 금전적인 이윤은 적합하다고 인정하였다. 또한, 프란치스칸 전통은 단순한 돈으로부터 사회적 가치를 창출하는 가능성이 있는 재정적 자산, 즉 자본을 분리하였다. 자본은 가난한 사람들이 존엄한 생활을 영위하도록 돕는 핵심 보조 도구이고, 또한 공동선을 위한 그들의 가능성을 개발하는 필수적인 도구로 이해되었다. 또한, 프란치스칸 전통은 자본이 자본인 이상, 합리적인 저이자로 대출될 수 있다고 가르친다. 더 나아가 프란치스칸 경제 이론은 시장이 가지는 중요성을 놓치지 않는다. 시장은 기업가들이 중요한 공적인 역할을 수행하는 장이고, 공동체의 부를 순환시키면서 공동체의 모든 구성원에게 수혜를 가져다주는 필수적인 경제 요소 중 하나이다. 바로 이런 시장의 체계와 기능 안에서 이 세상의 모든 좋은 것을 하느님과 가난한 이들에게 돌려준다는 프란치스칸 가난이 보다 더 효율적이고 효과적으로 구체화 될 수 있었다. 프란치스칸 사회적 기업은 바로 이러한 프란치스칸 시장 이론을 바탕으로 실제 시장 경제 안에서 활발하게 활동할 수 있을 것이다.

셋째, 가톨릭 교회 역시 프란치스칸 경제 해법에 큰 관심을 보인다. 특히 교황 베네딕토 16세의 회칙 『진리 안의 사랑』은 무상의 감사함(GRATUITAS), 형제성(FRATERNITY) 등의 프란치스칸 경제의 핵심 가치들을 현대 시장 경제에 반드시 적용해야 한다는 입장이다. 추측건데, 이와 같은 교회의 입장은 다름 아닌 프란치스칸들에 대한 초대의 메시지이다. 즉, 실제 시장 안에서 우리 프란치스칸들의 더 활발하고 창의적인 활동을 기대하고 있고, 또 그렇게 초대하고 있는 것이다. 무상의 감사함과 형제성이라는 가치는 프란치스칸들이 가장 잘 체득할 수 있고, 따라서 가장 잘 실천할 수 있다. 따라서 프란치스칸 전통이라는 깊은 신학적-영성적 전통에 뿌리내리고 있고, 또한 그 전통을 시장에 적용할 줄 아는 프란치스칸들이야말로 보다 더 형제적인 경제 대안 건설을 위한 가장 적합하면서도 가장 탁월한 경제 주체일 것이다. 이렇게 프란치스칸들은 프란치스칸 사회적 기업이라는 경제 활동을 통하여 이전에 없던 새로운 사회적 충격을 가하면서 현대의 파괴적인 경제 체계를 점진적으로 대체해 나갈 수 있을 것이다.

이상적인 프란치스칸 사회적 기업의 모델은 이미 옵세르반테스 프란치스칸들에 의하여 시작되었던 중세의 몬테스 피에타티스를 통해서 제시되었다고 생각한다. 당대의 프란치스칸들은 인간의 존엄성과 공동선을 심대하게 침해하는 사회적으로 고착되고 불만족스러운 평형 상태를 주시하고 있었다. 당대의 초고리 대출은 가난한 사람들을 더 가난하게 만들었으며, 가난한 이들의 인구를 증가시키고, 부의 순환을 가로막고 있었다. 프란치스칸들은 바로 이런 상황을 프란치스칸 영성 전통 안에서 바라보고 분석하였으며, 당대의 시장 경제 안에 몬테스 피에타티스라는 경제적인 해법을 제시하였다. 당대의 프란치스칸들은 아마도 파괴적인 고리대금업 자체를 근절하는 데에는 실패하였을지 모른다. 그러나 이들은 오늘날의 사회적 기업가들과 마찬가지로 완전히 새로운 해법을 시장에 도입하는 데 성공하였다. 더불어 이들은 이 해법을 통하여 단지 가난한 이들이라는 목표 그룹만의 변화를 노리지 않고, 더 나아가 전체 사회를 하나의 포용적이며, 형제적인 공동체로 변모시켜 나갔다. 시장, 이익, 자본 등의 이익 경제의 필수 요소들을 끌어안음으로써, 당시의 몬테스 피에타티스는 실제 시장 경제 안에서 자립적인 경영 형태를 유지할 수 있었다.

앞서 논하였던 바와 같이, 프란치스칸 사회적 기업은 프란치스칸 전통의 핵심 요소들에 의하여 운영된다. 무상의 감사함(GRATUITAS)와 형제적인 경제 공동체 추구가 이 사회적 기업의 '목표'이자 '수단'이라고 할 수 있겠다. 프란치스칸 사회적 기업은 프란치스칸 전통의 눈으로 사회 문제를 파악하고 분석하며, 사회적 기업의 요소와 프란치스칸 전망을 통합하여 실제적이고 창의적인 해법을 시장에 소개한다. 또한, 프란치스칸 사회적 기업은 자립적인 경영 형태 안에서 프란치스칸 사회 충격을 일으키며, 실제 시장 경제 안에서 사회적 기업 혹은 사회적 사업으로서의 역할을 수행한다.

프란치스칸 사회적 기업의 가능한 모델은 무한하다고 말할 수 있겠지만, 아래와 같은 형태의 모델이 우선 제시될 수 있겠다.

첫째, 교황 베네딕토 16세도 강조하듯이,[385] 프란치스칸 초저리 대출 은행이 가장 먼저 제안될 수 있겠다. 이 은행은 가난한 이들을 고리대금으로부터 보호하고, 그들이 가진 사회 경제적 가능성을 다시 사회 안으로 흘려보내며, 따라서 그들이 다시 사회 경제적 맥락 안에 포함되도록 돕는 사업이라 할 수 있다. 바로 이러한 사업이 중세의 몬테스 피에타티스가 하던 일이었다. 아직도 많은 나라에서, 개발 도상국이나 선진국 가릴 것 없이, 적지 않은 수의 사람들이 개

---

385   교황 베네딕토 16세, 65항, 100-101.

인적인 금융 위기로 고통받고 있다. 결과적으로 많은 이들이 제2, 제3 금융권에서 고리의 대출을 받아 쓰며 생활을 유지하고 있다. 이는 곧 이들의 경제생활이 거품 안에서 이루어 짐을 의미하며, 이 거품이 가라앉거나 깨지는 날에는 이 안에서 경제생활을 하던 이들의 경제적 자원이 파괴됨을 의미한다. 이러한 경제생활은 미래적으로 사람들을 사회 경제적 맥락에서 배제하게 되며, 결과적으로 인간으로서의 존엄한 삶을 잃게 한다. 이러한 상황은 또한 가난한 이들이 자신들이 속한 사회의 공동선을 위하여 이바지할 기회조차 박탈하는 결과로 나타나게 된다.

인간 역시 공동선을 위한 하나의 자본으로 분류될 수 있다. 왜냐하면, 우리 인간도 우리의 노동, 지성, 문화 등을 통하여 공동선을 위한 사회적 가치를 창출하기 때문이다.[386] 프란치스칸 전통은 인간이 이 세상 안에서도 더 높은 경지의 영적 단계에 이를 수 있고, 따라서 하느님의 의지와 선을 선택하는 삶을 살아갈 수 있는 존재로 정의한다. 즉, 우리는 모두 우리 개인 삶의 발전뿐만 아니라 사회적인 가치를 창출할 가능성을 지닌 존재들이다. 이렇게 인간이 가진 가능성은 금융 자본을 포함한 여러 다른 보조 도구들을 통하여 극대화되어야 한다. 그렇게 될 때 우리는 모두 우리에게 주어진 거룩한 부르심을 완성할 수 있을 것이다. 더 나아가 프란치스칸 가족은 국제적인 구조를 갖추고 있다. 그렇다면 프란치스칸 초저리 대출

---

386 Gunnemann, 294.

은행 서비스 역시 전 세계적인 망을 구축하며 부유한 지역으로부터 가난한 지역으로의 부의 순환을 불러일으킬 가능성을 충분히 가지고 있다. 비로 이러한 금융 서비스를 통하여 우리 프란치스칸들은 국제적인 프란치스칸 사회적 충격을 가하며, 전 지구적인 경제 정의를 미약하게나마 구체화 해 나갈 수 있을 것이다.

둘째, 프란치스칸 사회적 기업가 학교가 또 하나의 모델로 제안될 수 있겠다. 이 학교는 미래의 프란치스칸 사회적 기업가들을 프란치스칸 전통과 사회적 기업의 내용으로 양성하는 일종의 인큐베이션INCUBATION 프로그램으로 이해하면 되겠다. 전 세계적으로 프란치스칸들은 꽤 많은 수의 프란치스칸 교육 기관들을 다양한 형태로 운영하고 있다. 이미 잘 갖추어진 이 교육 인프라를 이용하여 '프란치스칸 사회적 기업' 혹은 '프란치스칸 경제' 혹은 '형제적 경제' 등의 교육 과정을 추가할 수 있겠다. 물론 어디까지나 해당 교육 기관들이 그것을 원할 때 가능할 것이다. 이러한 교육 과정은 다음과 같은 각기 다른 세 단계의 프란치스칸 교육을 시행할 수 있을 것이다. (1) 프란치스칸 경제의 영성과 역사, (2) 사회적 기업, (3) 프란치스칸 사회적 기업.

마지막으로, 하나의 대안적인 경제 플랫폼PLATFORM 혹은 시스템 자체가 제안될 수 있겠다. 이 경제 대안은 하나의 플랫폼 위에서 다양한 프란치스칸 사회적 기업가들이 함께 모여 각자의 사회적 기업을 운영하면서도 동시에 일관된 프란치스칸 사회적 충격을 도모하는 형태라 할 수 있다. 이러한 형태에 가장 근접한 경제 형태는 바로 다름 아닌 '협동조합'이다. 일견 협동조합은 일반적인 사업체와 비슷하게 보이기도 하지만 자세히 들여다보면 그 체계 자체가 완전히 다르다는 것을 알 수 있다. 일반적으로 협동조합은 '조합원 전체가 소유하고 운영하는 사업 형태'인데 반해, 일반적인 사업체는 특정한 주주들만이 회사를 소유하고 회사에서 발생하는 이익 역시 그들만이 나눈다. 일반적인 사업체는 주주들을 위한 이윤 극대화에 그 초점을 맞춘다면, 협동조합은 조합원 전체의 공동 목표의 극대화와 조화로운 사회 발전에 그 초점을 맞춘다. 국제 협동조합 연맹(THE INTERNATIONAL CO-OPERATIVE ALLIANCE)은 협동조합을 다음과 같이 정의한다 "공동으로 소유되고 민주적으로 운영되는 사업체를 통하여 공통의 경제적, 사회적, 문화적 필요와 욕구를 충족시키고자 하는 사람들이 자발적으로 결성한 자율적인 조직."[387] 이렇게 협동조합 구조 안에서는, 그 조합원들이 고객이든 피고용이든 할 것 없이, 이익 분배와 사업체의 활동에서 똑같은 발언권과 결정권을 갖는다. 일반적으로 협동조합은 국제적으로 공인된 원칙을 따르며, 다른 협동조합들과의 협업을 통하여 더 좋은 세상을 건설하는데 협력한다. 협동조합은 자립, 자기 책임, 민주주의, 평등, 공정, 연대 등의 가치를 그 기본으로 한다.[388] 협동조합은 또한 다음의 7대 원칙에 따라 운

---

387 International Co-operative Alliances, 「Co-operative identity, values & principles」, accessed Feb 19, 2016, http://ica.coop/en/whats-co-op/co-operative-identity-values-principles, paragraph 1.

388 「Co-operative identity, values & principles」, paragraph 2.

영된다. (1) 자발적이고 개방적인 조합원 제도, (2) 조합원에 의한 민주적 관리, (3) 조합원의 경제적 참여, (4) 자율과 독립, (5) 교육, 훈련 및 정보 제공, (6) 협동조합 간의 협동, (7) 지역 공동체에 대한 기여.[389]

이처럼 협동조합은 여러 가지 면에서 사회적 기업과의 공통점을 보인다. 무엇보다도 협동조합은 공동선의 여러 요소(민주주의, 평등, 공정, 연대)와 공동체라는 가치, 또한 자립적인 사업체 운영 등을 꾀하기에 사회적 기업과 자연스럽게 융합될 가능성이 크다고 하겠다. 프란치스칸 사회적 기업이 이렇게 협동조합의 형태를 취하게 된다면, 많은 프란치스칸 사회적 기업가들을 생산하고 품어 안을 수 있는 하나의 '빅 텐트Big tent'로서의 역할을 수행할 수 있을 것으로 생각한다. 만약 프란치스칸 사회적 기업으로서의 협동조합이 운영된다면 다음과 같은 몇 단계의 운영을 가정해 볼 수 있겠다. 첫째, 비슷한 생각과 전망을 가지고 있는 조합원들을 모집한다. 둘째, 조합비와 모금된 기금을 통하여 '프란치스칸 사회적 기업 학교'와 '프란치스칸 초저리 대출 은행' 서비스를 시작한다. 셋째, 프란치스칸 사회적 기업 학교를 통하여 프란치스칸 사회적 기업가들을 배출하기 시작하고, 초기 단계에서는 지속적으로 재정 지원(초저리 대출 은행)과 교육 지원(사회적 기업 학교)을 아끼지 않는다. 넷째, 협동조합을 통해서 배출된 프란치스칸 사회적 기업가들 역시 조합원의 일원이 되

---

389 「Co-operative identity, values & principles」, paragraph 3.

고, 그들의 사회적 기업 활동은 협동조합 사업의 일부분으로 자리 잡는다. 이렇게 프란치스칸 사회적 기업가들 역시 협동조합을 소유하게 되고, 그들이 창출하는 이윤과 가치를 통하여 협동조합을 더욱 풍요롭게 하며, 또한 그들이 사회에 기여하는 서비스, 상품, 사회적 충격 등을 통하여 지역 사회도 풍요롭게 한다. 마지막으로, 협동조합을 통하여 더욱더 많은 프란치스칸 사회적 기업가들이 양산되고, 그들의 활동과 상품과 서비스를 통하여 협동조합은 점진적으로 지역 사회에 프란치스칸 사회 충격을 일으키며, 따라서 사회와 사회 구성원들에게 대안적인 경제 방안을 제공한다. 이 협동조합은 무상의 감사함(GRATUITAS)과 형제성이라는 원칙에 따라 운영되며, 또한 협동조합 산하의 모든 사회적 사업들 역시 이 원칙을 사업의 목적과 수단으로 받아들여야 한다. 이 협동조합은 출범 초기에는 비영리와 영리 추구형의 중간 단계인 '혼합형'의 형태가 되겠지만, 이후 프란치스칸 기업가들이 안정화 단계에 들어간 이후 본격적으로 자립 경영에 기반을 둔 공동선을 위한 '영리형' 사업 형태로 자리 잡힐 수 있을 것이다.

결론

　우리는 이 마지막 장을 현대 경제의 여러 가지 파괴적인 문제점들을 분석하면서 시작하였다. 또한, 가톨릭 교회 역시 현대 경제의 여러 문제점을 해소하기 위하여 프란치스칸 전통을 유심히 들여다보고 있음을 이야기하였다. 그리고 우리가 일상적으로 행하는 경제 활동의 영적이고도 윤리적인 중요성을 일깨우는 통합적 회개를 요청하였다. 마지막으로 우리는 프란치스칸 사회적 기업이라는 실행 가능하고 실제적인 프란치스칸 경제 해법을 살펴보았다. 이 프란치스칸 사회적 기업은 실제 시장 경제 안에서 더욱더 적극적이고 창조적인 방법으로 모든 이들과의 올바른 관계 추구를 앞당기는 경제 해법이며, 또한 보다 더 포용적이고 형제적인 경제 공동체 건설을 위하여 프란치스칸 전통과 그 경제 이론에 근거한 프란치스칸 경제 해법이라 할 수 있다.

　프란치스칸 전통은 순수 학문 작업을 행하는 학자들에게도 큰 영감의 원천이겠지만, 동시에 실제 시장 경제 안에서 참된 경제 공동체를 건설하는 데에 뜻이 있는 경제 주체들에게도 역시 영감의 보고라 할 수 있겠다. 프란치스칸 전통의 신학, 영성, 영감, 실천은 오늘날 경제에도 여전히 적용 가능하리라 본다. 왜냐하면, 이 모든 것들이 지극히 높은 선, 완벽한 가난으로 표현된 그 하느님의 선이라는 영원한 원천으로부터 솟아 나오기 때문이다. 중세 프란치스칸들의 영적이고 경제적인 통찰은 여전히 우리를 존재하는 모든 것에 대한 하느님의 궁극적인 소유권을 알아보도록 인도한다. 또한, 무상의 감사함(GRATUITAS)과 형제적 공동체 건설이라는 우리 인간의 태도와 성소를 살아가도록 독려하고, 창조적이고 실제적인 방법으로 우리 사회의 방해물들을 다루도록 초대한다. 이제 우리 모든 프란치스칸들, 그리스도인, 그리고 참된 경제를 건설하는 데에 뜻이 있는 모든 이가 함께 적극적이고 창조적인 방법으로 보다 더 포용적이고 형제적인 경제를 앞당기는 새로운 형태의 형제적 공동체를 상상하고, 계획하고, 실천할 때이다.

| 결론 |

　『프란치스칸 경제』라는 이름으로 시작된 이 글은 오늘날의 파괴적인 경제 체제 안에서 어떻게 보다 더 포용적이고 형제적인 경제 공동체를 이루어 낼 수 있는지에 대한 질문을 던지며 시작되었다.
　이 해답을 찾기 위하여 우리는 먼저 하느님을 '지극히 높으신 선善, 완벽한 가난으로 표현된 선'으로 규정하는 프란치스칸 신학과 영성을 살펴보았다. 프란치스칸 전통, 특별히 보나벤투라의 전망 안에서 삼위일체는 자기-확산이고 자기-통교적인 지극히 높은 선으로 이해되었다. 이렇게 삼위일체가 지속적이고 완벽한 자기-통교라면, 삼위일체는 곧 가장 완벽한 가난의 탁월한 예라고 할 수 있다. 왜냐하면, 그 삼위일체는 완벽하고도 지속적으로 자기를 비우기 때문이다. 따라서 삼위일체는 사랑과 선의 완벽한 순환을 예시한다. 그러므로 진정한 가난이란 우리 지상 삶 안에서 우리의 사랑과 선, 그리고 물질적인 재산마저도 지속적으로 순환시키며, 바로 그렇게 모든 것의 주인이신 하느님에게 모든 것을 다시 감사롭게 돌려주는 삶이라 할 수 있겠다. 초기 프란치스칸들은 바로 이러한 하느님 관에 정초하여 '자발적 가난'을 하나의 구체적인 삶의 계획으로 받아들이고 살아갔다. 이 가난은 개인적 신앙생활의 완성을 위한 그리스도인으로서의 덕목을 한참 뛰어넘는 하나의 구체적인 생활 계획이었다. 또한, 무상無償의 감사함(GRATUITAS)의 태도가 지극히 높으신 선이신 하느님에 대한 가장 적합한 인간의 삶의 태도로 제시되었다. 왜냐하면, 이 세상에 존재하는 모든 것들은 우리에게 거저 주어진 하느님의 선물이기 때문이다. 따라서 우리 인간 또한 이 세상의 본성, 즉 무상으로 주어진 선물이라는 본성을 살아가며 하느님의 선에 응답해야 한다. 우리는 자발적 가난과 결합한 무상의 감사함이라는 우리의 삶의 태도를 이제 하나의 사회 경제적 태도로 더 구체화하여 모든 이들과의 올바른 관계를 수립하도록 초대받고 있다. 바로 이러한 태도의 삶을 사회 경제적 맥락 안에서도 구체적으로 살아간다면 하느님의 선과 사랑이 지배하는 진정한 형제적 사회 경제 공동체 건설에 이바지할 수 있을 것이다.

삼위일체는 또한 지금 우리가 살아가는 이 세상과 그 세상 위의 모든 피조물을 창조하였다. 바로 그런 이유로 "물질세계 전체는 하느님의 사랑, 곧 우리에 대한 무한한 자애를"[390] 나타내는 것이다. 더 나아가 이 삼위일체 하느님은 "모든 실체 안에 그 표징을 남겨두셨다."[391] 즉, 우리 인간과 모든 피조물 안에는 참된 공동체와 경제를 건설하는 관계적 구조, 즉 삼위일체의 구조가 새겨져 있다. 이렇게 우리가 모두 삼위일체를 닮았으므로, 우리의 모든 관계 안에서 다른 사람들과 피조물을 성사화하는 것은 우리의 의무이자 성소

---

390 교황 프란치스코, 『찬미받으소서』, 84항, 68.
391 교황 프란치스코, 『찬미받으소서』, 239항, 170.

가 되는 것이다. 우리 인간은 이 세상 안에서도 하느님의 영광과 사랑에 참여하고 그 예증을 보여줄 수 있는 존재로 창조되었다. 따라서 다른 모든 이들과 피조물을 본래 하느님이 새겨준 의미와 질서로 다시 돌아갈 수 있도록 돕는 것 역시 우리 인간의 의무라 할 수 있겠다.

다음으로 우리는 중세 시장 경제를 변화시킨 프란치스칸 가르침과 실천도 살펴보았다. 중세 프란치스칸들은 자발적 가난이라는 프란치스칸 삶의 원칙을 사회 경제적 태도와 원칙으로 체계화시키면서 '모든 이에게 순종'이라는 삶을 살아갔다. 이러한 삶의 태도는 곧 보다 더 형제적이고, 포용적이며, 지속 가능한 새로운 사회 망을 건설하는 것과 다른 것이 아니었다. 즉, 모든 관계 안에서 모든 이에게 순종한다는 프란치스칸 원칙은 하느님의 선과 형제적 사회 경제 공동체를 강조하는 새로운 사회 경제 대안을 건설하고 예증하는 것이라 할 수 있다. 더 나아가 소유와 사용을 분명히 구분하는 자발적 가난의 실천은 물질적 부의 순환을 더욱더 풍요롭게 하는 경제 이론으로 발전되었다. 중세 프란치스칸들은 프란치스칸 삶의 기준이었던 가난이 사회의 모든 구성원에게 이익을 가져다주고 더 나아가 형제적 경제 구조를 건설하는 부의 순환을 가능하게 한다는 사실에 눈을 떴던 것이다. 이들은 또한 이익, 자본, 상업 활동, 시장 등과 같은 경제 요소들에 대하여 재평가하였다. 이 과정의 중심에는 요한 올리비가 서 있다. 올리비는 단순한 돈으로부터 사회적 부를 창출하는 '자본'을 분리하였고, '주관적 원의'라는 전혀 새로운 요소를 가격 결정 요소에 도입하였으며, 공동선의 성취를 위한 상인과 시장의 필수적인 중요성을 가르쳤다. 공동선, 즉 하느님의 선을 현현하고 각 사회 구성원들을 연결하는 그 선에 근거하여, 중세 프란치스칸들은 사회 구성원 모두를 위한 형제적인 시장 경제를 건설하고자 노력하였다. 따라서 이들은 돈, 이익, 자본 등과 같은 중요한 경제 요소들을 조화롭게 배열하여 당대의 가난한 사람들을 위한 초저리 대출 은행 사업도 도입하였다. 이 은행은 분명 중세 유럽 사회의 '사회적 기업'이었다. 즉, 사회의 구성원들 모두를 당대의 사회 경제 활동 안으로 포함하고, 따라서 모든 이들이 인간으로서의 존엄한 삶을 유지하고, 개인적 혹은 공동체적 경제 활동을 통하여 공동선에 이바지할 수 있도록 돕는 프란치스칸 사회 참여 프로그램이자 사회적 기업 활동이었다.

우리는 또한 최근 교회의 가르침 역시 참된 경제 발전의 성취를 위하여 프란치스칸 전통에 큰 관심을 두고 있음을 살펴보았다. 『진리 안의 사랑』에는 형제성(FRATERNITY), 무상無償의 감사함(GRATUITAS), 사회적 사업 등의 프란치스칸 개념들이 직접 녹아 들어가 있다. 『찬미받으소서』의 경우 프란치스칸적 신학과 영성의 맥락 안에서 피조물의 성사성과 이 세상 안에서 인간이 가지는 특별한 역할에 대하여 논한다. 교회는 이렇게 프란치스칸 전통에 관심을 두면서 모든 그리스도인이 사회 경제 분야에 더욱더 적극적으로 참여하도록 초대한다. 이 초대는 우리가 살아가는 매우 구체적인 사회 경제적 활동과 맥락 안에서 하느님의 사랑과 선을 드러내는 우주적 형제적 공동체를 건설하라는 초대일 것이다.

　마지막으로 우리는 오늘날 보다 더 포용적이고 형제적인 경제 건설을 위한 방법들을 살펴보았다. 이를 위하여 우리는 먼저 통합적 회개에 대하여 살펴보았다. 통합적 회개는 단지 한 개인의 완성을 추구하는 회개에 멈추지 않고, 더 나아가 우리의 일상적인 경제 활동 자체를 성사화하는 회개를 뜻한다. 우리는 이러한 통합적 회개의 여정 안에서 다른 모든 이 및 피조물과의 올바른 관계를 건설할 수 있을 것이고, 따라서 하느님의 선과 공동선이 충만하게 실현되는 참된 경제적 변영을 가시화할 수 있을 것이다. 더 나아가, 프란치스칸 전통이 예증하고 제안함에 따라, 프란치스칸 전통과 그 전통이 가르치는 경제적 이론을 현대 시장 경제의 중심 요소들과 결합한 창조적이고도 적용 가능한 경제적 해법을 살펴보았다. 이 해법은 '프란치스칸 사회적 기업'으로서, 이 활동을 통하여 형제적인 사회적 기업을 실제 시장 안에서 구체화 시키고, 배척, 불평등, 불공정 등의 사회 문제들을 더 적극적이고 창조적인 방법으로 제한하거나 제거해 나갈 수 있을 것이다. 또한, 바로 이러한 경제적 활동을 통하여 이윤, 자본, 상인, 시장 등의 의미도 본래의 의미를 되찾을 수 있을 것이고, 공동선과 형제적 경제를 추구하는 활동에 그 본래 기능이 맞춰질 수 있을 것이다.

　이 짧고 보잘것없는 글을 마치며, 다음의 두 가지 마무리 언급을 하고 싶다. 첫째는 필자가 제안한 프란치스칸 사회적 기업이라는 제안이 가지는 중요성이다. 사실 프란치스칸 사회적 기업이 아직까지는 그 뚜렷한 영성과 동기를 가지고 시도된 적은 없다. 그러나 만약 시도된다면 이 프란치스칸 단위체는 프란치스칸 전통과 더불어 최근 교황 가르침에 나타난 여러 요소를 극적으로 구체화 및 실재화 할 수 있을 것으로 보인다. 최소한 필자가 보기에는 오직 프란치스칸 전통만이 그렇게 할 수 있는 요소들을 통합적으로 갖추고 있다. 즉, 그 핵심 영성이 있으며, 경제 이론이 있고, 중세의 실천 경험도 있으며, 프란치스칸이라는 인적인 자원 또한 갖추고 있다. 바로 이렇게 프란치스칸들은 이전에는 찾기 힘들었던 심원하고도 매우 실제적인 사회 경제적인 해법을 우리 사회와 교회에 선물할 수 있을 것이다.

둘째는 프란치스칸 수도회들과 단체들의 재정에 관한 것이다. 필자 또한 작은형제회(프란치스코회) 한국 관구에 속해 있고, 지금까지 부끄럽게나마 작은형제의 삶을 살아오고 있다. 전 세계의 모든 프란치스칸들 역시 다른 단체나 사람들과 마찬가지로 매우 일상적으로 재산과 재화를 관리한다. 개인적으로나 공동체적으로나 재산의 관리는 이미 수도회나 단체의 운영에 필수적인 부분으로 자리 잡고 있다. 프란치스칸들 또한 현대 경제 체계 안에서 소비자로서 살고 있고, 때로는 공급자 역할을 하기도 한다. 우선 주목하고 싶은 점은, 우리의 개인적 혹은 공동체적 재산을 어떤 원칙과 논리에 따라 바라보고 운영하고 있는가이다. 프란치스칸 전통이 제안하듯이, 프란치스칸 재산 관리 혹은 경제의 첫 번째 원리는 자발적 가난이다. 즉,

프란치스칸이라면 모든 재정 및 경제의 원리가 자발적 가난, 즉 모든 좋은 것을 감사롭게 다시 하느님에게 돌려드리는 그 가난이어야 한다. 바로 그때 한 개인의 재정이나 공동체의 재정 역시 '형제적'이 된다. 형제적인 재정 운영은 모든 것은 하느님 것이라는 그 심원한 원칙에 충실한 것이고, 따라서 소유 없이 잘 사용하는 가운데 꾸준한 순환을 일으키는 것이며, 그리하여 개인 관계에서나 공동체 내부적으로나 모든 이들과 모든 피조물을 하느님의 선함으로 적시는 것이라 생각한다. 따라서 개인적, 공동체적 경제의 원칙은 '자발적 가난,' '형제성'이라는 영성에 맞추어져야 하고, 그에 따라서 그 구체적인 재정 구조, 절차, 장치들이 갖추어 져야 할 것이다.

또한, 적지 않은 수의 프란치스칸 단체들이 '사업체' 혹은 '사업장'을 운영하고 있다. 역시 여기에서도 자발적 가난과 형제성이라는 원리가 기본 원리로 작동해야 하고, 더 나아가 사업장 내 상품의 가격 결정 요소, 이윤에 대한 처리 방법, 사업장이 지역사회에서 가지는 성격 등을 자세히 살펴볼 필요가 있다. 이 모든 것을 결정하는 요소는 하느님의 선과 공동선이다. 가격을 가진 상품을 팔아야 한다면, 상품의 종류와 그 가격 모두 공동선의 원칙에 따라 정해져야 한다. 또한, 사업체나 사업장의 활동을 통하여 이익이 발생한다면 그 이익 역시 하느님의 선과 공동선의 원리에 따라 재분배되면서 또 다른 사회적 부를 창출할 수 있도록 도와야 한다. 또한, 한 사업장이 지역 사회 내에서 어떠한 영적-물적 순환을 일으키며, 어떠한 프란치스칸적인 사회적 충격과 변화를 의도하고 고려하는지도 필수적으로 따져봐야 할 사항이라고 생각한다. 그리하여 프란치스칸들을 체험하는 모든 이들이 하느님이 중심이 되는 참된 경제가 무엇인지 맛보도록, 그 경제의 세계로 이끌려 들 수 있도록 해야 할 것이다.

프란치스칸 경제를 꿰뚫는 원칙은 가난이다. 그리고 이 경제의 목적은 지금 이 세상에 보다 더 포용적이고 형제적인 경제 사회를 건설하는 데에 있다. 프란치스칸 경제의 원칙과 목적 모두 지극히 높은 선이신 하느님에게 그 뿌리를 두고 있다. 이 하느님은 지속적인 자기-확산적인 선이신 삼위일체이다. 이처럼 삼위일체는 언제나 자기 자신을 나눔으로써 존재하기에 하느님은 자신을 내어줌으로써 존재한다고 정의할 수 있다. 하느님의 존재하는 방식이 내어줌이라면 하느님은 완벽한 가난으로서 표현된다. 삼위일체는 이 가난을 통하여 참된 형제적 공동체를 건설한다. 삼위일체는 완벽하고도 지속적인 자기-통교이기 때문이다. 따라서 **삼위일체는 완벽한 경제**이다. 삼위일체는 **완벽하고도 지속적인 사랑과 선의 자기-순환**이기 때문이다. 그러므로 우리가 경제 활동을 한다는 것은 곧 참된 형제적 공동체를 건설한다는 말과 같다. 왜냐하면 우리는 삼위일체의 본성의 표현으로서 창조되었기 때문이다. 하느님의 선을 우리의 모든 삶의 맥락 안에서 - 특별히 사회 경제적 맥락 안에서 - 구체적으로 실현하도록 우리의 최선을 다하는 것은 우리의 의무이자 성소이고, 더 나아가 우리 삶의 계획이다. 따라서 우리는 우리의 올바른 경제적인 선택과 활동을 통해서, 또한 프란치스칸 사회적 기업과도 같은 적극적이고 창조적인 사회 경제 참여를 통해서 보다 더 형제적인 경제 사회 공동체 건설에 이바지하도록 초대받고 있다. 이 초대에 응함으로써 우리는 다른 모든 이들과 피조물과의 관계를 우리의 사회 경제적 행동 안에서도 바로 잡을 수 있을 것이며, 하느님의 선이 충만한 형제적 경제 사회를 앞당길 수 있을 것이다.

| 참고 문헌 |

▶ 교회 문헌

교황 베네딕토 16세. 『진리 안의 사랑(CARITAS IN VERITATE)』. 서울, 한국천주교중앙협의회, 2009.

교황 요한 바오로 2세. 『사회적 관심(SOLLICITUDO REI SOCIALIS)』. 서울, 한국천주교중앙협의회, 1987.

교황 프란치스코. 『복음의 기쁨(EVANGELII GAUDIUM)』. 서울, 한국천주교중앙협의회, 2014.
_____. 『찬미받으소서(LAUDATO SI)』 서울, 한국천주교중앙협의회, 2015.

▶ 프란치스칸 원천 사료

아씨시의 프란치스코. 『프란치스코와 클라라의 글』. 서울, 프란치스코 출판사, 2014.

토마스 첼라노, 『아씨시 성 프란치스코의 생애』. 이재성 옮김. 서울, 프란치스코 출판사, 2007.

보나벤투라, 「하느님께 나아가는 정신의 여정」. 박장원 옮김. 『프란치스칸 삶과 사상』, 제41호, 2014년 봄.

BONAVENTURE. 「BREVILOQUIUM」. 『THE WORKS OF BONAVENTURE: CARDINAL, SERAPHIC DOCTOR, AND SATIN. II. THE BREVILOQUIUM』. TRANSLATED BY JOSÉ DE VINCK. NEW JERSEY. ST. ANTHONY GUILD PRESS, 1963.

_____. 「DISPUTED QUESTIONS ON EVANGELICAL PERFECTION」. 『WORKS OF ST. BONAVENTURE, VOLUME XIII: DISPUTED QUESTIONS ON EVANGELICAL PERFECTION』.

Introduction and notes by Robert J. Karris. Translation by Thomas Reist and Robert J. Karris. New York, Franciscan Institute Publications, 2008.

Duns Scotus. 『Ordinatio Oxoniense』. 『John Duns Scotus: Political and Economic Philosophy』. Edited by Allan B. Wolter. New York, Franciscan Institute Publication, 2000.

Peter John Olivi. 『Treatise on Contracts』. Translated by Ryan Thornton. Unpublished.

Thomas of Celano. 『The Life of Saint Francis』. 『Francis of Assisi: Early Documents』, vol 1. Edited by Regis J. Armstrong, Wayne Hellmann, and William J. Short. New York-London-Manila, New City Press, 1999.

▶ 프란치스칸 서적과 아티클

Arcelli, Federico. 『Banking and Charity in Sixteenth-Century Italy: The Holy Monte di Pietà of Rome (1539-84)』. Leicestershire, Upfront Publishing, 2003.

Burr, David. 『Olivi and Franciscan Poverty』. Philadelphia, PA, University of Pennsylvania Press, 1989.

Carmody, Maurice. 『The Franciscan Story: St. Francis of Assisi and His Influence Since the Thirteenth Century』. London, UK, Athena Press, 2008.

Chinnici, Joseph P. 『Framing Our Engagement with Society』. 『The Franciscan Moral Vision: Responding to God's Love』. Edited by Thomas A. Nairn. 221-265. New York, Franciscan Institute Publications, 2013.

COURTIER, DAVID. 「FRANCISCANS AND THEIR FINANCES: ECONOMICS IN A DISENCHANTED WORLD」. NEW YORK, FRANCISCAN INSTITUTE PUBLICATION, 2015.

CROSS, RICHARD. 「DUNS SCOTUS: GREAT MEDIEVAL THINKERS」. NEW YORK, OXFORD UNIVERSITY PRESS, 1999.

CUSATO, MICHAEL F. 「THE EARLY FRANCISCANS AND THE USE OF MONEY」. 「POVERTY AND PROSPERITY: FRANCISCANS AND THE USE OF MONEY」. WASHINGTON THEOLOGICAL UNION SYMPOSIUM PAPERS 2009. EDITED BY DARIA MITCHELL. 13-37. NEW YORK, FRANCISCAN INSTITUTE PUBLICATIONS, 2009.

DE ROOVER, RAYMOND. 「SAN BERNARDINO OF SIENA AND SANT'ANTONINO OF FLORENCE: THE TWO GREAT ECONOMIC THINKERS OF THE MIDDLE AGES」. BOSTON, HARVARD GRADUATE SCHOOL OF BUSINESS ADMINISTRATION, 1967.

DELIO, ILIA. 「A FRANCISCAN VIEW OF CREATION: LEARNING TO LIVE IN A SACRAMENTAL WORLD」. NEW YORK, THE FRANCISCAN INSTITUTE, 2003.

_____. 「REVISITING THE FRANCISCAN DOCTRINE OF CHRIST」. 「THEOLOGICAL STUDIES」 64 (2003): 3-23.

DELIO, ILIA., KEITH DOUGALSS WARNER, AND PAMELA WOOD. 「CARE FOR CREATION: A FRANCISCAN SPIRITUALITY OF THE EARTH」. CINCINNATI, ST. ANTHONY MESSENGER PRESS, 2007.

FLOOD, DAVID. 「FRANCIS OF ASSISI'S RULE AND LIFE」. PHOENIX, TAU PUBLISHING, 2013.

_____. 「FRANCISCANS AT WORK」. 「FRANCISCAN STUDIES」 59 (2001), 21-62.

_____. 「THE THEOLOGY OF PETER JOHN OLIVI: A SEARCH FOR A THEOLOGY AND ANTHROPOLOGY OF THE SYNOPTIC GOSPELS」. 『THE HISTORY OF FRANCISCAN THEOLOGY』. EDITED BY KENAN B. OSBORNE. 127-184. NEW YORK, THE FRANCISCAN INSTITUTE, 1994.

FREYER, JOHANNES B. 「BONAVENTURE'S ANTHROPOLOGY AND ECCLESIOLOGY AS A UNIVERSAL APPROACH TOWARDS A VISION OF A GLOBALIZED WORLD」. 『SPIRIT AND LIFE』 16 (2011), 123-149.

_____. 「THE THEOLOGY OF DUNS SCOTUS」. 『A PILGRIMAGE THROUGH THE FRANCISCAN INTELLECTUAL TRADITION』. EDITED BY ANDRÉ CIRINO AND JOSEF RAISCHL. 153-166. CANTERBURY, U.K, FRANCISCAN INTERNATIONAL STUDY CENTRE, 2008.

HAYES, ZACHARY. 「BONAVENTURE: MYSTERY OF THE TRIUNE GOD」, 『THE HISTORY OF FRANCISCAN THEOLOGY』. EDITED BY KENAN B. OSBORNE. 39-125. NEW YORK: THE FRANCISCAN INSTITUTE, 1994.

_____. 「CHRIST, WORD OF GOD AND EXEMPLAR OF HUMANITY」. 『THE CORD』 46.1 (1996), 3-17.

_____. 『THE HIDDEN CENTER: SPIRITUALITY AND SPECULATIVE CHRISTOLOGY IN ST. BONAVENTURE』. NEW YORK, THE FRANCISCAN INSTITUTE, 1992.

INGHAM, MARY BETH. 『SCOTUS FOR DUNCES: AN INTRODUCTION TO THE SUBTLE DOCTOR』. NEW YORK, FRANCISCAN INSTITUTE PUBLICATION, 2003.

MATURA, THADDÉE. 『FRANCIS OF ASSISI: THE MESSAGE IN HIS WRITINGS』. TRANSLATED BY PAUL BARRET. EDITED BY ROBERTA A. MCKELVIE AND DARIA MITCHELL. NEW YORK, FRANCISCAN INSTITUTE PUBLICATION, 2004.

_____. 「FRANCIS OF ASSISI - THEOLOGIAN?」 『A PILGRIMAGE THROUGH THE FRANCISCAN INTELLECTUAL TRADITION』. EDITED BY ANDRÉ CIRINO AND JOSEF RAISCHL. 11-22. CANTERBURY, U.K, FRANCISCAN INTERNATIONAL STUDY CENTRE,

2008.

MOCHRIE, ROBERT I. 「JUSTICE IN EXCHANGE: THE ECONOMIC PHILOSOPHY OF JOHN DUNS SCOTUS」. 『JOURNAL OF MARKETS & MORALITY』. VOLUME 9, NUMBER 1 (SPRING 2006), 35-56.

MONTI, DOMINIC. 『FRANCIS AND HIS BROTHERS: A POPULAR HISTORY OF THE FRANCISCAN FRIARS』. CINCINNATI, ST. ANTHONY MESSENGER PRESS, 2009.

MULHOLLAND, SEAMUS. 『DUNS SCOTUS AS A BASIS FOR A FRANCISCAN ENVIRONMENTAL THEOLOGY』, HTTP://EN.CALAMEO.COM/READ/00057074720A660F28FD4.

OSBORNE, KENAN B. 「THE CENTER OF THE SPIRITUAL VISION」. 『THE FRANCISCAN MORAL VISION: RESPONDING TO GOD'S LOVE』. EDITED BY THOMAS A. NAIRN. 23-50. NEW YORK, FRANCISCAN INSTITUTE PUBLICATION, 2013.

_____. 「THE DEVELOPMENT OF THE SPIRITUAL VISION OF FRANCIS AND CLARE INTO A MAJOR SPIRITUAL AND THEOLOGICAL TRADITION」. 『THE FRANCISCAN MORAL VISION: RESPONDING TO GOD'S LOVE』. EDITED BY THOMAS A. NAIRN. 51-87. NEW YORK, FRANCISCAN INSTITUTE PUBLICATIONS, 2013.

_____. 「INCARNATION, INDIVIDUALITY AND DIVERSITY」. 『THE CORD』 45. 3(1995), 19-26.

PUGLISI CATHERINE R. AND WILLIAM L. BARCHAM. 「BERNARDINO DA FELTRE, THE MONTE DI PIETÀ AND THE MAN OF SORROWS: ACTIVIST, MICROCREDIT AND LOGO」. 『ARTIBUS ET HISTORIAE』. VOL.29. NO. 58 (2008), 35-63.

SCHALÜCK, HERMANN. 「THE RELEVANCE OF DUNS SCOTUS」. 『A PILGRIMAGE THROUGH THE FRANCISCAN INTELLECTUAL TRADITION』. EDITED BY ANDRÉ CIRINO AND JOSEF RAISCHL. 201-212. CANTERBURY, U.K, FRANCISCAN INTERNATIONAL STUDY CENTRE,

2008.

Shannon, Thomas A. 「Generosity in Action」. 『The Franciscan Moral Vision: Responding to God's Love』. Edited by Thomas A. Nairn. 129-160. New York, Franciscan Institute Publications, 2013.

Short, William J. 『Poverty and Joy: The Franciscan Tradition』. New York, Orbis Books, 1999.

_____. 「The Rules of the Lesser Brothers」. 『The Writings of Francis of Assisi: Rules, Testament and Admonitions』 (Studies in Early Franciscan Sources, Vol 2). Edited by M. Blastic, J. Hammond, and J. A. W. Hellmann. 17-223. New York, Franciscan Institute Publications, 2011.

Todeschini, Giacomo. 『Franciscan Wealth: From Voluntary Poverty to Market Society』. Translated by Donatella Melucci. Edited by Michael F. Cusato, Jean François Godet-Calogeras, and Daria Mitchell. New York, Franciscan Institute, 2009.

Vauchez, André. 『Francis of Assisi: the Life and Afterlife of a Medieval Saint』. Translated by Michael F. Cusato. New Haven, Yale University Press, 2012.

Warner, Keith Douglass. 「Retrieving Franciscan Philosophy for Social Engagement」. 『The Cord』 62.4 (2012), 401-424.

Wolter, Allan B. 「Duns Scotus on the Predestination of Christ」. 『The Cord』 5 (1955): 366-372.

_____. 「Introduction」. 『John Duns Scotus: Political and Economic Philosophy, Latin Text and English Translation with an Introduction and Notes』. Edited by Allan B. Wolter. 1-21. New York, The Franciscan Institute,

2001.

_____. 「JOHN DUNS SCOTUS ON THE PRIMACY AND PERSONALITY OF CHRIST」. 『FRANCISCAN CHRISTOLOGY: SELECTED TEXTS, TRANSLATIONS, AND INTRODUCTORY ESSAYS』. EDITED BY DAMIAN MCELRATH. 139-182. NEW YORK, FRANCISCAN INSTITUTE OF ST. BONAVENTURE UNIVERSITY, 1980.

ZAMAGNI, STEFANO. 「GLOBALIZATION: GUIDANCE FROM FRANCISCAN ECONOMIC THOUGHT AND CARITAS IN VERITATE」. 『FAITH & ECONOMICS』 NUMBER 56 (FALL 2010), 81-109.

▶ 기타 서적과 아티클

BARRERA, ALBINO. 「WHAT DOES CATHOLIC SOCIAL THOUGHT RECOMMEND FOR THE ECONOMY」. 『THE TRUE WEALTH OF NATIONS: CATHOLIC SOCIAL THOUGHT AND ECONOMIC LIFE』. EDITED BY DANIEL K. FINN. 13-36. NEW YORK, OXFORD UNIVERSITY PRESS, 2010.

ELKINGTON, JOHN AND PAMELA HARTIGAN. 『THE POWER OF UNREASONABLE PEOPLE』. BOSTON, HARVARD BUSINESS PRESS, 2008.

FINN, DANIEL K. 「INTRODUCTION」. 『THE TRUE WEALTH OF NATIONS: CATHOLIC SOCIAL THOUGHT AND ECONOMIC LIFE』. EDITED BY DANIEL K. FINN. 3-12. NEW YORK, OXFORD UNIVERSITY PRESS, 2010.

GRAMEEN BANK. 「HISTORY」. 『BANKING FOR THE POOR: GRAMEEN BANK』. ACCESSED FEB 17, 2016. HTTP://WWW.GRAMEEN-INFO.ORG/HISTORY/.

GUNNEMANN, JON P. 「CAPITAL, SPIRIT, AND COMMON WEALTH」. 『THE TRUE WEALTH OF NATIONS: CATHOLIC SOCIAL THOUGHT AND ECONOMIC LIFE』. EDITED BY DANIEL K.

Finn. 289-317. New York, Oxford University Press, 2010.

International Co-operative Alliance. 『Co-operative identity, values & principles』. Accessed Feb 19, 2016, http://ica.coop/en/whats-co-op/co-operative-identity-values-principles.

Langholm, Odd. 『Economics in the Medieval Schools: Wealth, Exchange, Value, Money and Usury according to the Paris Theological Tradition 1200-1350』. Leiden-New York-Köln, E.J. Brill, 1992.

Lee, Jeremy. 「The Speed and Trajectory of Household Debt in South Korea」, 『Federal Reserve Bank of San Francisco』, September 11, 2015, http://www.frbsf.org/banking/programs/asia-program/pacific-exchange-blog/trajectory-south-korea-household-debt-to-gdp.

Little, Lester K. 『Religious Poverty and the Profit Economy in Medieval Europe』. Ithaca, NY, Cornell University Press, 1983.

Martin, Roger L. and Sally Osberg. 「Social Entrepreneurship: The Case for Definition」. 『Stanford Social Innovation Review』 (Spring 2007), 29-39.

McBrien, Richard P. 『Catholicism: New Edition』. New York, HarperCollins Publishers, 1994.

Porter, Michael E. and Mark R. Kramer. 「Creating Shared Value」. 『Harvard Business Review』 (January-February 2011), 1-17.

Santos, Fillipe M. 「A Positive Theory of Social Entrepreneurship」. 『Journal of Business Ethics』 (2012) 111, 335-351.

Scanlon, Kate. 「What Will Major World Religions Look Like in 2050?」 『The Daily Signal』. April 05, 2015. http://dailysignal.com/2015/04/05/what-will-

MAJOR-WORLD-RELIGIONS-LOOK-LIKE-IN-2050/.
UNITED NATIONS. 『THE MILLENNIUM DEVELOPMENT GOALS REPORT 2014』. NEW YORK, UNITED NATIONS, 2014.

WOOD, DIANA. 『MEDIEVAL ECONOMIC THOUGHT. CAMBRIDGE』, UK, CAMBRIDGE UNIVERSITY PRESS, 2002.

YUENGERT, ANDREW M. 『WHAT IS SUSTAINABLE PROSPERITY FOR ALL IN THE CATHOLIC SOCIAL TRADITION?』 『THE TRUE WEALTH OF NATIONS: CATHOLIC SOCIAL THOUGHT AND ECONOMIC LIFE』. EDITED BY DANIEL K. FINN. NEW YORK, OXFORD UNIVERSITY PRESS, 2010. 37-62.

YUNUS, MUHAMMAD. 『CREATING A WORLD WITHOUT POVERTY: SOCIAL BUSINESS AND THE FUTURE OF CAPITALISM』. 『GLOBAL URBAN DEVELOPMENT MAGAZINE』 (NOVEMBER 2008), 16-41.

ZAMAGNI, STEFANO. 『CATHOLIC SOCIAL THOUGHT, CIVIL ECONOMY, AND THE SPIRIT OF CAPITALISM』. 『THE TRUE WEALTH OF NATIONS: CATHOLIC SOCIAL THOUGHT AND ECONOMIC LIFE』. EDITED BY DANIEL K. FINN. 63-93. NEW YORK, OXFORD UNIVERSITY PRESS, 2010.